Kunsten at bage fransk

100 opskrifter og teknikker til den franske kulinariske tradition

Thomas Olofsson

Copyright materiale ©2024

Alle rettigheder forbeholdes

Ingen del af denne bog må bruges eller transmitteres i nogen form eller på nogen måde uden korrekt skriftligt samtykke fra udgiveren og copyright-indehaveren, bortset fra korte citater brugt i en anmeldelse. Denne bog bør ikke betragtes som en erstatning for medicinsk, juridisk eller anden professionel rådgivning.

INDHOLDSFORTEGNELSE _

INDHOLDSFORTEGNELSE _..3
INTRODUKTION..8
MORGENMAD..9
1. CRÊPES SUZETTE..10
2. STØBTE ÆG/ OEUFS MOLLETS....................................12
3. CRÊPES FOURRÉES ET FLAMBÉES.............................14
4. RYNKEDE ÆG/OEUFS SUR LE PLAT...........................16
5. GRATINERET SVAMPEOMELET MED OSTESAUCE....18
6. OEUFS EN PÖLYE..21
7. ÆG BAGT I RAMEKINS/OEUFS EN COCOTTE A LA CRÈME...........23
8. CRÊPES ROULÉES ET FARCIES..................................25
9. GÂTEAU DE CRÊPES A LA FLORENTINE....................28
10. GÂTEAU DE CRÊPES A LA NORMANDE....................31
11. CRÊPES DE POMMES DE TERRE / PANDEKAGER MED REVET KARTOFFEL..33
12. B ANANA CREME CRÊPE S.......................................35
13. CHERRY CRÊPE S..37
14. KUMQUAT-PECAN CRÊPE S.....................................39
15. TROPISK FRUGT CRÊPE S.......................................42
16. CITRON CRÊPE S..44
17. CRÊPES MED CHABLIS FRUGTSAUCE...................47
18. AMBROSIA CRÊPE S..50
19. BERRY CRÊPES MED APPELSINSAUCE................52
20. GRUNDLÆGGENDE CROISSANTER.......................54

21. KLASSISKE CROISSANTER..58
22. FJERBRØDSCROISSANTER..61
23. KORNKAMMER CROISSANTER...65
24. CHOKOLADE CHIP CROISSANTER....................................68
25. BANAN ECLAIR CROISSANTER...71
26. MØRK CHOKOLADE MALTET CROISSANT BRØDPUDDING.........73
27. CHOKOLADE MANDEL CROISSANT ÉCLAIRS......................75
28. CHOKOLADE DÆKKET JORDBÆRCROISSANTER................78
HOVEDRET..80
29. SUPRÊMES DE VOLAILLE A BLANC..................................81
30. RISOTTO..84
31. HARICOTS VERTS AU MAÎTRE D'HÔTEL............................86
32. TERRINE DE PORC, VEAU, ET JAMBON..............................88
33. ÉPINARDS AU JUS; ÉPINARDS A LA CRÈME......................92
34. CAROTTES ÉTUVÉES AU BEURRE / GULERØDDER BRAISERET I SMØR..94
35. CHAMPIGNONS FARCIS / FYLDTE SVAMPE........................96
36. ESCALOPES DE VEAU SAUTÉES A L'ESTRAGON................98
37. ESCALOPE DE VEAU GRATINÉES.....................................101
38. FOIES DE VOLAILLE SAUTÉS, MADEIRE...........................104
39. TIMBALE DE FOIES DE VOLAILLE / KYLLINGELEVERSKIMMEL...107
40. CANARD A L'ORANGE / ANDESTEG MED APPELSINSAUCE.......110
41. CANARD A LA MONTMORENCY..114
42. HOMARD A L'AMÉRICAINE...116
43. POTEE NORMANDE: POT-AU-FEU.....................................120
44. FILETS DE POISSON EN SOUFFLÉ....................................123

45. CASSOULET..126
46. COULIBIAC DE SAUMON EN CROÛTE............................131
47. VEAU SYLVIE..136
48. FILETS DE SOLE SYLVESTRE......................................140
49. RIZ ETUVÉ AU BEURRE..143
50. RISOTTO A LA PIÉMONTAISE....................................146
51. SAUTÉ DE VEAU (OU DE PORC) AUX CHAMPIGNONS......148
52. BOUILLABAISSE A LA MARSEILLAISE / MIDDELHAVSFISKESAFT 150
53. SALPICÓN DE VOLAILLE...153
54. POULET GRILLÉ AU NATUREL / ALMINDELIG STEGT KYLLING...155
55. POULET GRILLÉ A LA DIABLE....................................157
56. POIS FRAIS EN BRAISAGE / ÆRTER BRAISERET MED SALAT.....159
57. POTAGE CRÈME DE CRESSON / CREAM OF WATERCRESS SUPPE 161
58. NAVARIN PRINTANIER / LAMMEGRYDERET MED GULERØDDER 164
59. OIE BRAISÉE AUX PRUNEAUX / BRAISERET GÅS MED SVESKEFYLD 168
60. ROGNONS DE VEAU EN CASSEROLE / NYRER I SMØR............172
61. ROGNONS DE VEAU FLAMBÉS / SAUTEREDE NYRER FLAMBÉ..175
62. CARBONNADE DE BOEUF A LA PROVENÇALE................177
63. DAUBE DE BOEUF A LA PROVENÇALE........................180
64. POTAGE PARMENTIER / PORRE ELLER LØG OG KARTOFFELSUPPE 183
65. VELOUTÉ DE VOLAILLE A LA SÉNÉGALAISE.................185
SALATER OG SIDER...188

66. SALAT MIMOSA / SALAT MED VINAIGRETTE, SIET ÆG OG URTER 189
67. POMMES DE TERRE A L'HUILE / FRANSK KARTOFFELSALAT.....191
68. SALADE NIÇOISE..193
69. GRATIN DAUPHINOIS / SKUMPET KARTOFLER AU GRATIN......195
70. GRATIN DE POMMES DE TERRE ET SAUCISSON......................197
71. PURÉE DE POMMES DE TERRE A L'AIL....................................199
72. CONCOMBRES PERSILLÉS, OU A LA CRÈME / FLØDEAGURKER. 201
73. NAVETS A LA CHAMPENOISE / MAJROE OG LØGGRYDE..........203
74. ASPARGES...205
75. ARTICHAUTS AU NATUREL / HELKOGTE ARTISKOKKER...........207
76. RATATOUILLE..210
77. MOUSSAKA...213
78. LAITUES BRAISÉES / BRAISERET SALAT..................................216
79. CHOUCROUTE BRAISÉE A L'ALSACIENNE / BRAISERET SURKÅL 219
80. CHAMPIGNONS SAUTÉS AU BEURRE / SAUTEREDE SVAMPE...221
81. MOCK HOLLANDAISE SAUCE (BÂTARDE)................................223
82. CRÈME ANGLAISE (FRANSK VANILLECREME SAUCE)...............225
83. FLØDE SVAMPE...227
84. SAUCE MOUSSELINE SABAYON..229
DESSERTER...231
85. PATE FEUILLETÉE / FRANSK BUTTERDEJ.................................232
86. VOL-AU-VENT / LARGE PATTY SHELL.....................................235
87. CREME CHANTILLY / LET PISKET FLØDE.................................238
88. CRÈME RENVERSÉE AU CARAMEL / STØBT KARAMELCREME...240
89. FLAMING SOUFFLÉ / CRÈME ANGLAISE..................................242

90. CHARLOTTE MALAKOFF AU CHOCOLAT..................................244

91. POIRES AU GRATIN / PÆRER BAGT MED VIN........................249

92. TIMBALE AUX ÉPINARDS / FORMSTØBT SPINATCREME..........251

93. TIMBALE AU JAMBON / STØBT SKINKECREME.......................254

94. BISCUIT AU CHOCOLAT / CHOKOLADE SVAMPEKAGE.............257

95. CRÈME AU BEURRE À L'ANGLAISE / CUSTARD BUTTER CREAM 260

96. TARTE AUX POMMES / FRANSK ÆBLETÆRTE..........................263

97. BISCUIT ROULÉ A L'ORANGE ET AUX AMANDES.....................265

98. FARCE AUX FRAISES CIO-CIO-SAN..269

99. ITALIENSK MARENGS..271

100. CRÈME AU BEURRE À LA MERINGUE / MARENGSSMØRCREME 274

KONKLUSION...277

INTRODUKTION

Fransk bagning er kendt over hele verden for sin delikate smag, indviklede teknikker og rige kulturelle arv. Fra de smøragtige croissanter på parisiske caféer til de elegante macarons i Ladurée fremkalder franske kager en følelse af nydelse og sofistikering. I denne udforskning af fransk bagning dykker vi ned i historien, metoderne og ingredienserne, der gør det til en elsket kulinarisk tradition. Uanset om du er en erfaren bager eller lige er begyndt, så tag med os på en rejse gennem den pirrende verden af fransk konditori

MORGENMAD

1. Crêpes Suzette

INGREDIENSER:
- 3 kopper appelsinsmør
- Et gnavende fad
- 18 kogte crêpes, 5 til 6 tommer i diameter
- 2 spsk granuleret sukker
- ⅓ kop hver appelsinlikør og cognac

INSTRUKTIONER:
a) Opvarm appelsinsmørret i et gnidningsfad, indtil det bobler, og blandingen er let karamelliseret - det vil tage flere minutter.
b) Dyp begge sider af en crêpe i varmt smør, fold crêpe på den halve af dens bedste side ud og på midten igen for at danne en kileform.
c) Læg på siden af fadet og gentag hurtigt med resten af crêpes.
d) Drys 2 spsk sukker over crêpes, og hæld over likørerne. Ryst panden forsigtigt, mens likører varmes op, og hvis de ikke brænder op automatisk, antændes de med en tændstik.
e) Hæld likøren over crêpes, indtil flammerne slukker. Server på meget varme tallerkener.

2. Støbte Æg/ Oeufs Mollets

INGREDIENSER:
- 4 æg
- Salt
- Peber
- Toast eller brød, til servering

INSTRUKTIONER:
a) Fyld en mellemstor gryde med vand og bring det i kog ved høj varme.
b) Sænk forsigtigt æggene ned i det kogende vand med en hulske.
c) Reducer varmen til middel-lav og lad æggene simre i præcis 6 minutter for en blød, flydende blomme, eller 7 minutter for en lidt fastere blomme.
d) Mens æggene koger, tilbered en skål isvand.
e) Efter den ønskede tilberedningstid overføres forsigtigt æggene fra gryden til skålen med isvand ved hjælp af hulskeen.
f) Lad æggene sidde i isvandet i ca. 2 minutter for at afkøle og stoppe tilberedningen.
g) Når de er afkølet, banker du forsigtigt æggene på en hård overflade for at knække skallerne, og pill derefter skallerne af.
h) Drys de flåede æg med salt og peber efter smag.
i) Server Oeufs Mollets med det samme med toast eller brød ved siden af til dypning.

3. Crêpes Fourrées Et Flambées

INGREDIENSER:
- ½ kop pulveriserede blancherede mandler (du kan bruge en elektrisk blender til dette)
- ¼ tsk mandelekstrakt
- 1 kop appelsinsmør (forudgående opskrift)
- 18 kogte crêpes, 5 til 6 tommer i diameter
- Et let smørret bagefad
- 3 spsk granuleret sukker
- ⅓ kop hver appelsinlikør og cognac opvarmet i en lille gryde

INSTRUKTIONER:
a) Pisk mandler og mandelekstrakt i appelsinsmørret.
b) Fordel en skefuld af denne blanding på den nederste tredjedel af hver crêpe, rul til cylindre og anret dem i et let smurt bage- og serveringsfad.
c) Dæk til og stil på køl indtil klar til brug. Cirka 15 minutter før servering drysses med sukkeret og bages i den øverste tredjedel af en forvarmet ovn på 350 til 375 grader, indtil sukkertoppen er begyndt at karamellisere lidt.
d) Lige inden servering hældes den lune likør på og bringes til bordet.
e) Tænd med en tændstik, og hæld likøren over crepes, indtil flammerne slukker.

4. Rynkede æg/Oeufs Sur Le Plat

INGREDIENSER:
- ½ spsk smør
- 1 eller 2 æg
- Salt og peber

INSTRUKTIONER:
a) Vælg et lavt ildfast bage- og serveringsfad med en diameter på cirka 4 tommer.
b) Stil fadet over moderat varme eller i en gryde med kogende vand. Tilsæt smør; så snart det er smeltet, bræk 1 eller 2 æg i.
c) Når bunden af ægget er koaguleret i fadet, tages det af varmen, fadet vippes, og toppen af ægget dryppes med smørret i fadet.
d) Placer på en bageplade, og et minut før servering, sæt så overfladen af ægget er omkring 1 tomme fra rødglødende slagtekyllinger element. Skub fadet ud med få sekunders mellemrum, vip og dryp toppen af ægget med smørret i fadet.
e) På mindre end et minut vil hviden være sat, og blommen filmet og glinsende.
f) Tag ud af ovnen, smag til med salt og peber og server med det samme.

5. Gratineret svampeomelet med ostesauce

INGREDIENSER:
- 1 kop flødesauce
- ½ kop groft revet schweizerost
- ½ lb. champignon i skiver, tidligere sauteret i smør
- En grydeske
- 3 æg
- Salt og peber
- 1½ spsk smør
- En omeletpande eller non-stick stegepande 7 tommer i diameter i bunden
- En røreskål og en bordgaffel
- En varm ildfast serveringstallerken

INSTRUKTIONER:
a) I flødesaucen røres alle undtagen 2 spsk af den revet ost. Kom halvdelen af svampene i en gryde, rør en tredjedel af saucen i, og varm op lige inden du laver din omelet.

b) Når du er klar til at lave omeletten, piskes æggene, en stor knivspids salt og en knivspids peber i en røreskål med en gaffel, indtil æggeblommer og hvider er blandet - 20 til 30 sekunder. Læg en spiseskefuld smør i æggekagepanden eller stegepanden, sæt den over høj varme, og efterhånden som smørret smelter, vip panden i alle retninger for at dække bunden og siderne. Når smørskummet næsten er lagt sig, hældes æggene i.

c) Lad æggene bundfælde sig i 3 eller 4 sekunder, tag fat i pandens håndtag med venstre hånd, og flyt panden hurtigt frem og tilbage over varme, og rør æggene med den flade bordgaffel. Når æg er koaguleret til en meget blød cremecreme, på cirka 8 sekunder, hældes de varme saucede svampe hen over midten af omeletten vinkelret på pandens håndtag.

d) Løft håndtaget for at vippe panden væk fra dig, vend nær enden af omeletten over på fyldet med gaflen, og ryst panden for at glide omeletten til den fjerne ende af panden.

e) Vend gryden rundt og tag fat i håndtaget med højre hånd, tommelfingeren ovenpå. Hold en varm ildfast serveringsplade i venstre hånd. Vip tallerken og pande sammen i en vinkel, hvile pandens læbe på tallerkenen. Vend hurtigt omeletten på hovedet over tallerkenen, og omeletten falder på plads.

f) Fordel resten af svampene oven på omeletten, dæk med den resterende sauce, drys med de reserverede 2 spsk ost, og prik med det resterende smør.

g) Kør omeletten tæt under en rødglødende slagtekylling i cirka et minut, for at brune osten fint.

h) Server på én gang, ledsaget af en grøn salat, franskbrød og en tør hvidvin eller en rose.

6. Oeufs En Pölye

INGREDIENSER:
- 2 kopper kødgele med vinsmag
- 4 ovale eller runde forme, ½ kop størrelse
- 4 afkølede pocherede æg
- Dekorative forslag:
- Friske estragonblade faldt i kogende vand i 30 sekunder
- Runde eller ovaler af kogt skinke
- Skive af trøffel eller foie gras, eller 4 tb levermousse

INSTRUKTIONER:
a) Hæld et ⅛-tommer lag gelé i hver form og afkøl, indtil det er stivnet.
b) Dyp estragonblade, trøfler eller skinke i næsten stivnet gelé og arranger over afkølet gelé i hver form; hvis du bruger foie gras eller levermousse, læg en skive eller skefuld ovenpå.
c) Dæk med et afkølet pocheret æg, dens mest attraktive side nedad. Fyld forme med kold sirupsgelé (hvis geléen er varm, løsner du dekorationen); køl af i en time eller mere, indtil den er sat.
d) Fjern formen en efter en ved at dyppe i varmt vand, hurtigt køre en kniv rundt om kanten af aspic og vende formen på en tallerken, hvilket giver et skarpt nedadgående ryk, mens du gør det.

7. Æg bagt i Ramekins/Oeufs En Cocotte a La Crème

INGREDIENSER:
- $\frac{1}{2}$ tsk smør
- 2 spsk tung fløde
- 1 eller 2 æg
- Salt og peber

INSTRUKTIONER:
a) Forvarm ovnen til 375 grader.
b) Vælg et porcelæns- eller ildfast glasfad $2\frac{1}{2}$ til 3 tommer i diameter og omkring $1\frac{1}{2}$ tommer dybt. Arranger i en gryde indeholdende $\frac{3}{4}$ tomme vand og sæt over en brænder; bring vand i kog.
c) Placer alt undtagen en prik smør i ramekinen; tilsæt en spiseskefuld fløde, og bræk ægget eller æggene i. Når æggehviden er begyndt at koagulere i bunden af ramekinen, tilsættes den resterende skefuld fløde, krydderier og smørklatten. Placer i den nederste tredjedel af den forvarmede ovn og bag i 7 til 8 minutter. Æggene er færdige, når de lige er sat, men ryster stadig lidt.
d) Hvis du ønsker at vente lidt før servering, skal du tage den ud af ovnen, når den er lidt understegt; de bliver færdige med at lave mad og forbliver varme i vandet i 10 til 15 minutter. Smag til med salt og peber inden servering.

8. Crêpes Roulées Et Farcies

INGREDIENSER:

DET FREMMEDE SKALDLYDSKØD
- 2 spsk smør
- En 8-tommer emaljeret eller non-stick stegepande
- 3 spsk hakket skalotteløg eller spidskål
- $1\frac{1}{2}$ kopper i tern eller strimlet kogt eller dåse skaldyrskød
- Salt og peber
- $\frac{1}{4}$ kop tør hvid vermouth
- En skål

VIN- OG OSTSAUCEN
- ⅓ kop tør hvid vermouth
- 2 spsk majsstivelse blandet i en lille skål med 2 spsk mælk
- $1\frac{1}{2}$ kop tung fløde
- $\frac{1}{4}$ tsk salt
- Hvid peber
- $\frac{1}{2}$ kop revet schweizerost

SAMLING OG BAGNING
- 12 kogte crêpes, 6 til 7 tommer i diameter
- $\frac{1}{4}$ kop revet schweizerost
- 2 spsk smør
- En let smurt ovnfast fad

INSTRUKTIONER:

a) Varm smørret op til det bobler i gryden, rør skalotteløg eller spidskål i og derefter skaldyrene. Vend rundt og rør ved moderat høj varme i 1 minut. Smag til med salt og peber, tilsæt derefter vermouth og kog hurtigt ind, indtil væsken er næsten helt fordampet. Skrab i en skål.

b) Tilsæt vermouth til stegepanden og kog hurtigt indtil reduceret til en spiseskefuld. Fjern fra varmen; rør majsstivelsesblandingen, fløde, krydderier i. Lad det simre i 2 minutter under omrøring, bland derefter osten i og lad det simre et minut mere. Korrekt krydring.

c) Blend halvdelen af saucen i skaldyrene, læg derefter en stor skefuld af skaldyrsblandingen på den nederste tredjedel af hver crêpe, og rul crêpes til cylindriske former. Anret crêpes tæt sammen i en let smurt bradepande, hæld resten af saucen over, drys med osten og dryp med stykker af smørret. Stil på køl, indtil du er klar til at bage. Femten til 20 minutter før servering, sæt den i den øverste tredjedel af en forvarmet 425-graders ovn, indtil den boblende varm og ostetoppen er brunet let, eller opvarm og brun under en lav slagtekylling.

9. Gâteau De Crêpes a La Florentine

INGREDIENSER:
FLØDESAUS MED OST, SPINAT OG SVAMPE
- 4 spsk smør
- 5 spsk mel
- $2\frac{3}{4}$ kopper varm mælk
- $\frac{1}{2}$ tsk salt
- Peber og muskatnød
- $\frac{1}{4}$ kop tung fløde
- 1 kop groft revet schweizerost
- $1\frac{1}{2}$ kopper kogt hakket spinat
- 1 kop flødeost eller hytteost
- 1 æg
- 1 kop friske champignon i tern, tidligere sauteret i smør med 2 spsk hakket skalotteløg eller spidskål

SAMLING OG BAGNING
- 24 kogte crêpes, 6 til 7 tommer i diameter
- En let smurt ovnfast fad
- 1 spsk smør

INSTRUKTIONER:
a) Til saucen smeltes smørret, melet røres i og koges langsomt i 2 minutter uden at farve; fjern fra varmen, pisk mælk, salt og peber og muskatnød i efter smag. Kog under omrøring i 1 minut, pisk derefter fløden og alle undtagen 2 spiseskefulde af den schweiziske ost i; lad det simre et øjeblik, og tilpas derefter krydderier.
b) Blend flere spiseskefulde sauce i spinaten og tilpas krydderierne omhyggeligt. Pisk flødeosten eller hytteosten med ægget, svampene og flere spiseskefulde sauce for at lave en tyk pasta; korrekte krydderier.
c) Forvarm ovnen til 375 grader.

d) Centrer en crêpe i bunden af en let smurt bradepande, fordel med spinat, dæk med en crêpe, fordel med et lag af ost-og-svampeblandingen, og fortsæt på denne måde med resten af crêpes og de 2 fyld, afslutter højen med en crêpe.
e) Hæld den resterende ostesauce over højen, drys med de resterende 2 spsk revet schweizerost, og dryp med en spiseskefuld smør.
f) Stil den på køl indtil 30 til 40 minutter før servering, og sæt den derefter i den øverste tredjedel af den forvarmede ovn, indtil den er boblende varm og ostetoppen er let brunet.

10. Gâteau De Crêpes a La Normande

INGREDIENSER:
- 4 til 5 kopper skåret æbler (ca. 2 lbs.)
- En stor tykbundet bradepande
- ⅓ kop granuleret sukker
- 4 spsk smeltet smør
- 12 kogte crêpes, 5 til 6 tommer i diameter
- Et let smørret bagefad
- 6 til 8 forældede makroner, smuldret
- Mere smeltet smør og sukker og cognac

INSTRUKTIONER:
a) Fordel æbler i bradepanden, drys med sukker og smeltet smør, og sæt dem i midterste niveau i en forvarmet 350 graders ovn i cirka 15 minutter, eller indtil æbleskiverne er møre.
b) Centrer en crêpe i det smurte bage- og serveringsfad, fordel med et lag æbleskiver, drys med makroner og med et par dråber smør og cognac, hvis du ønsker det.
c) Læg en crêpe ovenpå, dæk med æbler, og fortsæt således, afslut med en crêpe. Drys med smeltet smør og sukker.
d) Ca. 30 minutter før servering, bages i midterste niveau i en forvarmet 375-graders ovn, indtil den er boblende varm. Server som den er, eller flamme som i den foregående opskrift.

11. Crêpes De Pommes De Terre / Pandekager med revet kartoffel

INGREDIENSER:
- 8 ounce flødeost
- 3 spsk mel
- 2 æg
- $\frac{1}{2}$ tsk salt
- $\frac{1}{8}$ tsk peber
- 6 ounce ($1\frac{1}{2}$ kopper) schweizisk ost, skåret i $\frac{1}{8}$-tommers terninger
- $2\frac{1}{2}$ lbs. "bagning" kartofler (4 kopper revet)
- 3 til 4 tb tung fløde
- En 10-tommers stegepande
- Cirka $1\frac{1}{2}$ spsk smør, mere hvis nødvendigt
- Cirka $1\frac{1}{2}$ tb olie, mere hvis nødvendigt

INSTRUKTIONER:
a) Blend flødeost, mel, æg, salt og peber i en stor røreskål med en røregaffel. Rør osten i tern.
b) Skræl kartoflerne, riv dem gennem store huller på et rivejern. En håndfuld ad gangen, vrid kartofler til en kugle i hjørnet af et håndklæde og ekstraher så meget saft som muligt.
c) Blend osten og æggene i, og rør så nok fløde i til en blanding, der er konsistensen af cremet cole slaw.
d) Varm smør og olie op i en stegepande, hæld små eller store bunker af kartoffeldej i ca. $\frac{3}{8}$ tomme tyk. Kog over moderat høj varme i 3 til 4 minutter, indtil der kommer bobler gennem dejen.
e) Sænk varmen lidt, vend og steg 4 til 5 minutter mere på den anden side. Hvis den ikke serveres med det samme, læg den i ét lag på en bageplade og lad den stå uden låg. Sprød i flere minutter i en forvarmet 400 graders ovn.
f) Server med stege, bøffer, pocheret eller spejlæg.

12. Banana creme Crêpes

INGREDIENSER:
- 4 bananer, opdelt
- 8-ounce beholder med creme karamel
- Yoghurt med smag
- ½ kop flødeskum eller frossen
- Ikke-mejeri pisket topping,
- Optøet, plus yderligere for
- Pynt
- 6 færdiglavede crêpes
- Ahorn eller chokoladesirup

INSTRUKTIONER:
a) Kom 2 bananer i en foodprocessor eller blender, og blend til det er glat.
b) Tilsæt yoghurt, og blend. Rør pisket topping i.
c) Skær de resterende bananer i mønter. Sæt til side, 12 skiver til topping.
d) Læg Crêpe på hver serveringsplade: Fordel yoghurtblandingen over hver Crêpe.
e) Fordel de resterende bananskiver og flødeskum eller topping.
f) Dryp sirup over hver crêpe.

13. Cherry Crêpes

INGREDIENSER:
- 1 kop creme fraiche
- ⅓ kop brun farin, fast pakket
- 1 kop kiks blanding
- 1 æg
- 1 kop mælk
- 1 dåse Kirsebærtærtefyld
- 1 tsk appelsinekstrakt

INSTRUKTIONER:
a) Blend cremefraiche og farin, og stil til side. Bland kikseblanding, æg og mælk.
b) Bland indtil glat. Opvarm olieret 6" stegepande.
c) Steg 2 spsk kikseblanding ad gangen, indtil den er let brun, vend og brun.
d) Fyld hver crêpe med en portion af cremefraicheblandingen. Rul op.
e) Læg sømsiden nedad i bageformen. Hæld kirsebærtærtefyldet over det hele.
f) Bages ved 350~ i 5 minutter. Hæld appelsinekstrakt over Crêpes, og antænd til servering.

14. Kumquat-pecan Crêpes

INGREDIENSER:

- ½ kop konserveret kumquat
- 3 store æg
- 1½ dl pekannødder i tern
- ¾ kop sukker
- ¾ kop smør, stuetemp
- 3 spsk Cognac
- ½ kop pekannødder i tern
- ¼ kop sukker
- ¼ kop smør, smeltet
- ½ kop Cognac

INSTRUKTIONER:
TIL FYLDNING:

a) Frø, hak og dup tørre kumquats, behold ⅓ kop kumquatsirup.

b) Kombiner æg, 1½ dl pekannødder, ¾ kop sukker, ¾ kop smør, kumquats og 3 spsk Cognac i en processor eller blender og bland det godt med tænd/sluk-drejninger. Vend til en skål.

c) Dæk til og frys i mindst 1 time.

SAMLING:

d) Smør to 7x11-tommers bageforme generøst.

e) Reserver ⅓ kop fyld til sauce. Fyld hver crêpe med cirka 1 ½ til 2 spsk fyld. Rul Crêpes op cigarmode.

f) Arranger sømsiden nedad i et enkelt lag i tilberedte bageforme.

g) Forvarm ovnen til 350 grader. Drys crêpes med de resterende pekannødder og sukker og dryp med smeltet smør.

h) Bages indtil boblende varmt, cirka 15 minutter.

i) Kombiner i mellemtiden ⅓ kop reserveret fyld, 2 spsk Cognac og ⅓ kop reserveret kumquatsirup i en lille gryde og lad det simre ved lav varme.
j) Lun den resterende Cognac i en lille gryde.
k) Anret crepes på et fad til servering og top med sauce. Tænd Cognac og hæld over toppen, ryst fadet, indtil flammen aftager. Server straks.

15. Tropisk frugt Crêpe s

INGREDIENSER:

- 4 ounce almindeligt mel, sigtet
- 1 knivspids salt
- 1 tsk strøsukker
- 1 æg plus en blomme
- $\frac{1}{2}$ pint mælk
- 2 spsk smeltet smør
- 4 ounce sukker
- 2 spsk brandy eller rom
- $2\frac{1}{2}$ kopper tropisk frugtblanding

INSTRUKTIONER:

a) For at lave Crêpe-dejen, læg mel, salt og strøsukker i en skål og bland.

b) Pisk gradvist æg, mælk og smør i. Lad stå i mindst 2 timer.

c) Varm en let smurt bradepande op, rør dejen, og brug den til at lave 8 crêpes. Holde varm.

d) For at lave fyldet, læg den tropiske frugtblanding i en gryde med sukkeret og opvarm forsigtigt, indtil sukkeret er opløst.

e) Bring i kog og varm op til sukkeret karamelliserer. Tilsæt brandy.

f) Fyld hver crêpe med frugten og server straks med fløde eller creme fraiche.

16. Citron Crêpes

INGREDIENSER:
- 1 stort æg
- ½ kop mælk
- ¼ kop universalmel
- 1 tsk sukker
- 1 tsk revet citronskal
- 1 knivspids salt
- Smør eller olie til stegepande

CITRONSAUCE:
- 2 kopper vand
- 1 kop sukker
- 2 citroner, skåret papir tynde, med kerner

CREMEFYLD:
- 1 kop Tung fløde, kold
- 2 tsk sukker
- 1 tsk vaniljeekstrakt

INSTRUKTIONER:
CRÊPE DEJ:
a) Pisk æg og mælk let sammen i en mellemskål.
b) Tilsæt mel, sukker, citronskal og salt og pisk til det er glat.
c) Stil tildækket i køleskab i mindst 2 timer eller natten over.

CITRONSAUCE:
d) Varm vand og sukker op i en mellemstor gryde, indtil sukkeret er opløst.
e) Tilsæt citronskiver og lad det simre i 30 minutter. Afkøl til stuetemperatur.

LAVE CREPES:
f) Beklæd crepepanden på en 6-tommer nonstick-gryde med et tyndt lag smør eller olie.

g) Varm panden op over medium-høj varme.
h) Hæld 2 spsk af Crêpe-dejen i og vip hurtigt panden for at fordele dejen jævnt.
i) Kog indtil bunden er gylden og kanten har trukket sig væk fra siden af gryden, cirka 3 minutter.
j) Vend crêpe og steg den anden side i cirka 1 minut.
k) Lad afkøle på en tallerken og gentag med den resterende dej for at lave 8 crêpes i alt.
l) Lige før servering laver du flødefyldet: pisk fløde, sukker og vanilje i en røreskål, indtil der dannes stive toppe.
m) Læg 2 crêpes med den gyldne side nedad på hver desserttallerken.
n) Hæld cremefyld på hver Crêpe og rul sammen, fold kanterne ind og læg sømsiden nedad på tallerkener.
o) Hæld $\frac{1}{4}$ kop citronsauce over hver portion, og server med det samme.

17. Crêpes Med Chablis Frugtsauce

INGREDIENSER:
- 3 æg
- 1 kop Skummetmælk
- 1 kop mel
- $\frac{1}{8}$ tsk salt
- Madlavningsspray
- $\frac{1}{2}$ kop Chablis vin
- $\frac{1}{4}$ kop vand
- $\frac{1}{4}$ kop sukker
- 1 spsk majsstivelse
- $\frac{3}{4}$ kop Friske eller frosne jordbær
- $\frac{1}{2}$ kop Appelsin i tern
- 1 spsk vand
- 4 Lovers Crêpes

INSTRUKTIONER:
a) Bland de første 4 ingredienser og bland ved lav hastighed i cirka et minut. Skrab siderne ned og blend godt til det er glat.
b) Lad stå 30 minutter. Beklæd bunden af en 6$\frac{1}{2}$ tommer omelet eller stegepande med madlavningsspray.
c) Varm panden op ved lav varme.
d) Hæld cirka 3 spiseskefulde dej i - vip og vend panden for at fordele dejen jævnt.
e) Kog til de er let brunede i bunden – vend og brun den anden side.
f) For at opbevare-indpak crêpes adskilt med vokspapir, frys eller køl.

CHABLIS FRUGTSAUCE:
g) Kombiner de første 3 ingredienser i en lille gryde - bring det i kog - lad det simre i 5 minutter.
h) Rør majsstivelse og 1 spsk vand til det er glat.

i) Rør i vinblandingen og lad det simre i flere minutter, indtil det er tyknet, og rør af og til.

j) Tilsæt frugt og varm op til frugten er varm. Fyld crêpes, fold sammen og hæld ekstra sauce ovenpå.

18. Ambrosia Crêpes

INGREDIENSER:
- 4 crêpes
- 16-ounce dåse frugtcocktail
- 1 dåse Frossen dessert topping - optøet
- 1 lille moden banan skåret i skiver
- ½ kop miniature skumfiduser
- ⅓ kop revet kokosnød

INSTRUKTIONER:
a) Pynt med ekstra topping og frugt.
b) Til at fryse Crêpes stak med vokspapir imellem.
c) Pak ind i kraftig folie eller frysepapir.
d) Varm i en 350° ovn i 10-15 minutter.

19. Berry Crêpes med appelsinsauce

INGREDIENSER:
- 1 kop friske blåbær
- 1 kop snittede jordbær
- 1 spsk sukker
- Tre 3-ounce pakker af blødgjort flødeost
- ¼ kop honning
- ¾ kop appelsinjuice
- 8 Crêpes

INSTRUKTIONER:
a) Kombiner blåbær, jordbær og sukker i en lille skål, og sæt til side.

b) For at forberede sauce, pisk flødeost og honning, indtil det er let, og pisk langsomt appelsinjuice i.

c) Kom ca. ½ kop bærfyld i midten af 1 Crêpe. Hæld ca. 1 spsk sauce over bærrene. Rul sammen, og læg på et fad. Gentag med de resterende crepes.

d) Hæld den resterende sauce over Crêpes.

20. Grundlæggende croissanter

INGREDIENSER:
- ¾ kop plus 1 spsk sødmælk
- 2 tsk instant gær
- 2⅔ kopper universalmel (eller T55-mel), plus ekstra til formning
- 1 spiseskefuld plus 1½ tsk (20 gram) granuleret sukker
- 2 tsk kosher salt
- 1 kop usaltet smør, ved stuetemperatur, delt
- 1 stort æg

INSTRUKTIONER:
a) Lav dejen: Rør mælk og gær sammen i en mellemstor skål, tilsæt derefter mel, sukker, salt og smør og rør, indtil der dannes en pjusket dej. Vend dejen ud på en ren bænk og ælt i 8 til 10 minutter (eller overfør til en røremaskine og ælt i 6 til 8 minutter ved lav hastighed), indtil den er glat, strækbar og smidig.

b) Hvis dejen æltes i hånden, så kom dejen tilbage i skålen. Dæk med et håndklæde og stil til side i 1 time eller indtil dobbelt størrelse. (Denne timing vil variere afhængigt af din køkkentemperatur.)

c) Vend dejen ud på en ren bænk og tryk let til en 8-tommer firkant. Pakk ind med plastfolie og stil på køl i 1 time. Dette er kendt som dejblokken.

d) Dejblokken og smørblokken skal have en lignende temperatur og konsistens, så afkøling er vigtig.

e) Efter 30 minutters afkøling af dejblokken placeres de resterende ¾ kop (170 gram) smør på et stykke bagepapir. Top med et ekstra ark pergamentpapir og brug en kagerulle og plastik bænkskraber til at forme smørret til et 6 x 8 tommer rektangel. Skub pakken med bagepapir over på en bageplade og sæt den i køleskabet i 15 til 20 minutter, indtil den er fast, men smidig. Du bør være i stand til at bøje pakken, uden at den går i stykker.

f) Stil smørblokken til side på din bænk, mens du former dejen. Dette vil sikre, at det er den korrekte temperatur (ikke for koldt) før inkorporering. Støv din bænk og toppen af dejen med mel og rul dejblokken til et 9 x 13 tommer rektangel. Børst overskydende mel af. Pak smørret ud og vend det på midten af dejen, så dets kanter næsten møder siderne af dejblokken. Fold den øverste og nederste del af dejen over smørblokken, så den mødes i midten. Klem midter- og endesømmene grundigt sammen. Temperaturen er afgørende, så arbejd hurtigt.

g) Støv din bænk med mel, og drej dejen, så den midterste søm peger mod dig. Rul dejen ud ved at bruge en frem og tilbage bevægelse for at skabe et 7 x 21 tommer rektangel, arbejd omhyggeligt, så der ikke slipper smør ud af dejen. Hvis smør kigger igennem, klem dejen rundt, så den dækker og drys med mel. Børst overskydende mel af før foldning.

h) Fold den øverste tredjedel af dejen ind mod midten, og fold derefter den nederste tredjedel af dejen over midten for at skabe en bogstavfold. Børst overskydende mel af.

i) Pak dejen ind i plastfolie og stil på køl i 30 minutter.

j) Gentag trin 6, start med den foldede kant af dejen på din venstre side, rul dejen til et 7 x 21 tommer rektangel og lav en bogstavfold. Pak dejen ind igen og stil på køl i 45 minutter.

k) Gentag dette trin endnu en gang, pak derefter dejen ind og afkøl i mindst 1 time eller natten over.

l) Form og bag: Beklæd en bageplade med bagepapir.

m) Støv din bænk med mel og rul dejen til et $\frac{1}{4}$-tommer tykt rektangel, cirka 9 gange 20 tommer.

n) Brug en skærekniv til at markere 4-tommer sektioner langs længden af den lange side. Brug en kokkekniv til at skære rektanglet ved 4-tommer-mærkerne, hvilket skaber fem 4-x-9-tommer sektioner. Halver hver af disse sektioner diagonalt for at skabe i alt 10 trekanter.
o) Stræk bunden af hver trekant lidt for at forlænge den lidt.
p) Start på den lange side og rul trekanter for at skabe en croissantform.
q) Når du næsten har nået slutningen af rullen, trækker du lidt i spidsen for at forlænge den og vikler den rundt om croissanten, mens du klemmer let for at forsegle. Læg hver croissant på den forberedte bageplade med spidserne i bunden for at forhindre dem i at åbne sig, mens de hæver og bager. Placér dem et par centimeter fra hinanden.
r) Dæk bakken med plastfolie og stil den til hævning ved stuetemperatur i $1\frac{1}{2}$ til $2\frac{1}{2}$ time. (Denne timing vil variere, afhængigt af din køkkentemperatur, men den ideelle temperatur er 75°F til 80°F.) Hæv, indtil den når en skumfidusagtig konsistens og en stigning i volumen. Hvis du prikker i dejen, skal den springe lidt tilbage og efterlade et fordybning.
s) Efter 1 times hævning forvarm du ovnen til 400°F.
t) I en lille skål piskes ægget med et skvæt vand og brug en wienerbrødsbørste til at pensle glasuren over croissanterne. Børst dem endnu en gang, for ekstra glans.
u) Bag i 30 til 35 minutter, indtil croissanterne er dybt gyldenbrune. Serveres varm.

21. Klassiske croissanter

INGREDIENSER:
- 4 kopper universalmel
- 1/4 kop sukker
- 1 1/2 tsk salt
- 2 1/4 tsk instant gær
- 1 1/4 dl kold mælk
- 2 spsk usaltet smør, blødgjort
- 2 1/2 stang usaltet smør, afkølet og skåret i tynde skiver
- 1 æg pisket med 1 spsk vand

INSTRUKTIONER:
a) I en stor skål piskes mel, sukker, salt og gær sammen.
b) Tilsæt den kolde mælk og 2 spsk blødt smør, og rør, indtil der dannes en pjusket dej.
c) Vend dejen ud på en meldrysset overflade og ælt i cirka 10 minutter, indtil den er glat og elastisk.
d) Læg dejen i en let olieret skål, dæk med plastfolie og stil den på køl i 1 time.
e) På en meldrysset overflade rulles de afkølede smørskiver til et rektangel. Fold dejen over smørret og klem kanterne sammen.
f) Rul dejen og smørret ud til et langt rektangel. Fold det i tredjedele, som et bogstav.
g) Rul dejen ud igen og gentag foldningsprocessen to gange mere. Afkøl dejen i 30 minutter.
h) Rul dejen ud en sidste gang til et stort rektangel, og skær den derefter i trekanter.
i) Rul hver trekant op, start fra den brede ende, og form til en halvmåne.
j) Læg croissanterne på en beklædt bageplade, pensl med æg, og lad dem hæve i 1 time.

k) Forvarm ovnen til 400°F (200°C) og bag croissanterne i 20-25 minutter, indtil de er gyldenbrune.

22. Fjerbrødscroissanter

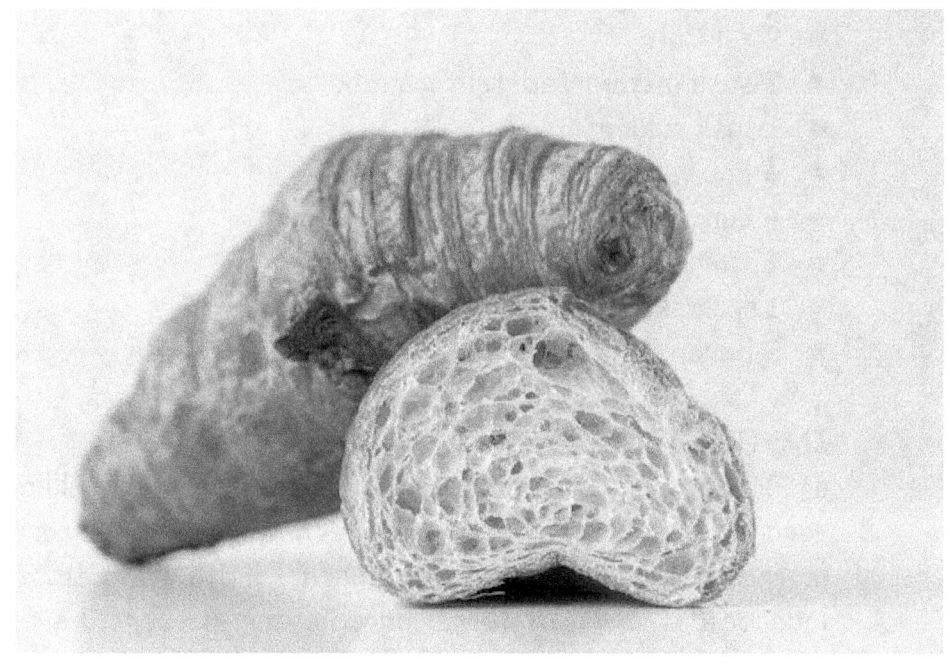

INGREDIENSER:
- 2 tsk brødmaskinegær
- 2¼ kopper universalmel
- 2 tsk salt
- 2 spsk instant fedtfri tørmælk
- 1 spsk sukker
- ⅞ kop vand
- 4 ounce usaltet smør
- 1 stort æg; slået med
- 1 spiseskefuld vand; til glasering
- 3 barer (1,45 ounce) halvsød chokolade

INSTRUKTIONER:
a) Tilsæt gær, mel, salt, tørre mælketørstoffer, sukker og vand til brødmaskinen og sæt den i maskinen. Bearbejd ingredienserne på dejindstillingen, indtil de er godt indarbejdet, uden at tørre ingredienser klæber til siderne af gryden, cirka 10 minutter på de fleste maskiner.

b) Efter at dejen er blandet, sluk for maskinen og lad dejen hæve i maskinen til fordobling, ca. 1½ time.

c) Læg imens stangen smør mellem 2 lag plastfolie eller vokspapir. Med fingrene flad og form smørret til en 6-tommers firkant, der er omkring ⅓ tomme tyk. Afkøl i mindst 15 minutter. Smørret skal have konsistens som grøntsagsfett, når du bruger det. Hvis den er for hård, river den dejen i stykker; hvis den er for blød vil den sive ud af siderne. Varm den eller afkøl den i overensstemmelse hermed.

d) Når dejen er fordoblet i volumen, vendes den ud på en godt meldrysset overflade. Tryk dejen ud i en 13-tommers firkant med melede hænder. Pak det afkølede smør ud og læg det diagonalt i midten af dejfirkanten. Bring dejens hjørner over smørret, så de mødes i midten (det vil ligne en konvolut). Tryk midten og kanterne af dejen for at flade ud og forsegl i smørret.

e) Brug en let meldrysset kagerulle til at rulle dejen til et 18 x 9 tommer rektangel. Tryk ikke for hårdt. Hvis du gør det, vil smørret sive ud, eller dejen rives i stykker (hvis den rives, skal du bare klemme for at plastre). Fold den ene 9-tommers ende af dejrektanglet over den midterste tredjedel af dejen. Fold dette over den resterende tredjedel.

f) Rul dejen ud igen til et 18 x 9-tommers rektangel. Fold den som før for at danne de 3 lag og læg den i en plastikpose eller pak den løst ind i plastfolie. Stil dejen på køl i 30 minutter og gentag derefter rulning, foldning og afkøling to gange mere.

g) Stil dejen på køl natten over efter sidste foldning.

h) For at skære og forme croissanterne skal du skære dejen i halve. Pak den ene halvdel ind i plastik og sæt den tilbage i køleskabet, mens du arbejder med den anden halvdel. Rul dejen ud på en let meldrysset overflade til en 13-tommer cirkel.

i) Skær den i 6 skiver. Træk forsigtigt bunden af hver kile til en bredde på omkring 6 inches og længden af hver kile til omkring 7 inches. Start fra bunden og rul kilen op. Placer croissanten, top-point under, på en kraftig bageplade.

j) Bøj og før basispunkterne mod midten for at danne en halvmåne. Rul og form alle croissanterne, og læg dem 2 cm fra hinanden på bagepladen.

k) Pensl croissanterne let med æggeglasuren. Lad dem derefter hæve et lunt sted, indtil de er lette og hævede, cirka 1 $\frac{1}{2}$ time. I mellemtiden forvarm ovnen til 400F. Pensl croissanterne med æggeglasuren endnu en gang lige inden de sættes i ovnen. Bages i 15 minutter, eller indtil de er gyldenbrune. Fjern croissanterne fra bagepladen for at køle af på en rist. Serveres lun, med marmelade eller dit yndlingssandwichfyld.

l) Forbered croissantdejen som anvist.

m) Når du har skåret det i to, skal du rulle hver halvdel til et 14 x 12-tommers rektangel på en let meldrysset overflade. Skær hver halvdel i seks 7 x 4-tommer rektangler.

n) Bryd tre 1,45-ounce stænger halvsød eller mørk chokolade fra hinanden for at lave 12 rektangler, hver omkring 3 x 1 ½ inches. Læg et stykke chokolade på langs langs den ene korte ende af hvert stykke dej. Rul for at omslutte chokoladen helt og tryk på kanterne for at forsegle. Læg croissanterne med sømsiden nedad på en stor bageplade.

o) Fortsæt med at glasere og bage som anvist.

23. Kornkammer croissanter

INGREDIENSER:
- ¼ pint lunkent vand
- 7 ounces usødet delvist skummet kondenseret mælk
- 1 ounce tørret gær
- 2 ounce usaltet smør; smeltede
- 1 pund kornmagasinmel
- En knivspids salt
- 3 ounces solsikke- eller sojamargarine
- Mælk til glasering

INSTRUKTIONER:
a) Kombiner vandet med den inddampede mælk, og smuldr derefter den friske gær i, eller rør den tørrede gær i.
b) Tilsæt smørret. Sigt melet med saltet i en stor skål, og vend kornene fra sigten tilbage til melet i skålen.
c) Gnid margarinen ind i melet, indtil blandingen ligner brødkrummer.
d) Lav en brønd i midten af melet, hæld gærblandingen i og bland grundigt.
e) Vend dejen på en let meldrysset overflade og ælt i 3 minutter.
f) Kom dejen tilbage i skålen, dæk til med et fugtigt viskestykke og lad den hæve et lunt sted i cirka 30 minutter, indtil den er dobbelt så stor.
g) Hvis stuetemperaturen er kold, kan hævningen fremskyndes ved hjælp af en mikrobølgeovn: mikroovn den tildækkede dej i en mikrobølgesikker beholder på fuld effekt i 10 sekunder. Lad dejen hvile i 10 minutter, og gentag derefter processen to gange.
h) Vend halvdelen af den hævede dej på en let meldrysset overflade og rul til en cirkel, der er ca. 5 mm (¼ tomme) tyk. Brug en skarp kniv til at skære dejen i otte trekantede

segmenter. Arbejd fra yderkanten og rul hvert segment ind i midten. Buk hvert stykke til en halvmåne og læg på en let olieret bageplade.

i) Dæk med et viskestykke og lad det blive dobbelt så stort.

j) Forvarm i mellemtiden ovnen til Gas Mark 5/190C/375 F. Gentag formningsprocessen med den anden halvdel af dejen.

k) Alternativt kan du lade den resterende dej stå tildækket i køleskabet i op til 4 dage og bruge, når der er brug for friske croissanter.

l) Når croissanterne er blevet dobbelt så store, glaseres dem med mælken og bages i ovnen i 15-20 minutter, indtil de er hævede og gyldne.

24. Chokolade chip croissanter

INGREDIENSER:

- 1½ dl smør eller margarine, blødgjort
- ¼ kop universalmel
- ¾ kop mælk
- 2 spsk sukker
- 1 tsk salt
- ½ kop meget varmt vand
- 2 pakker Aktiv tørgær
- 3 kopper mel, usigtet
- 12 ounce chokoladechips
- 1 æggeblomme
- 1 spsk Mælk

INSTRUKTIONER:

a) Pisk smør, ¼ kop mel med en ske, indtil det er glat. Fordel på vokset papir i et 12x6 rektangel. Afkøles. Opvarm ¾ kop mælk; rør i 2 spsk sukker, salt til at opløse.

b) Afkøl til lunken. Drys vand med gær; rør for at opløses. Med en ske pisk mælkeblandingen og 3 kopper mel i, indtil det er glat.

c) Tænd let meldrysset wienerbrød klud; ælt indtil glat. Lad hæve, tildækket, et lunt sted, fri for træk, indtil det er fordoblet - ca. 1 time. Stil på køl ½ time.

d) Rul til et 14x14 rektangel på let meldrysset wienerbrødsklæde.

e) Placer smørblandingen på halvdelen af dejen; fjerne papir. Fold den anden halvdel over smør; klem kanterne for at forsegle. Med fold til højre, rul fra midten til 20x8.

f) Fra den korte side, fold dejen i tredjedele, lav 3 lag; tætningskanter; chill 1 time pakket ind i folie. Med fold til venstre, rul til 20x8; folde chill ½ time. Gentage.

g) Afkøl natten over. Næste dag, rul; fold to gange; chill $\frac{1}{2}$ time imellem. Afkøl derefter 1 time længere.

h) Til formning: skær dejen i 4 dele. På let meldrysset wienerbrødsklud rulles hver til en 12-tommer cirkel. Skær hver cirkel i 6 skiver.

i) Drys kiler med chokoladechips -- pas på at efterlade en $\frac{1}{2}$-tommers margen rundt om og ikke fylde for meget med chipsene. Rul op begynder i den brede ende. Form til en halvmåne. Læg spidssiden nedad, 2" fra hinanden på brunt papir på bagepapir.

j) Dække over; lad hæve et lunt sted, fri for træk indtil fordoblet, 1 time.

k) Varm ovnen op til 425. Pensl med pisket æggeblomme bland i 1 spsk mælk. Bag 5 minutter, og reducer derefter ovnen til 375; bag 10 minutter mere, eller indtil croissanterne er hævede og brunede.

l) Afkøl på rist i 10 minutter.

25. Banan eclair croissanter

INGREDIENSER:
- 4 frosne croissanter
- 2 Firkanter halvsød chokolade
- 1 spsk Smør
- $\frac{1}{4}$ kop sigtet konditorsukker
- 1 tsk varmt vand; op til 2
- 1 kop vaniljebudding
- 2 mellemstore bananer; skåret i skiver

INSTRUKTIONER:

a) Skær frosne croissanter i halve på langs; tage afsted sammen. Opvarm frosne croissanter på en usmurt bageplade ved forvarmet 325°F. ovn 9-11 minutter.

b) Smelt chokolade og smør sammen. Rør sukker og vand i for at lave en smørbar glasur.

c) Fordel $\frac{1}{4}$ kop budding på hver croissants nederste halvdel. Top med skivede bananer.

d) Udskift croissant toppe; dryp på chokoladeglasur.

e) Tjene.

26. Mørk chokolade maltet Croissant brødpudding

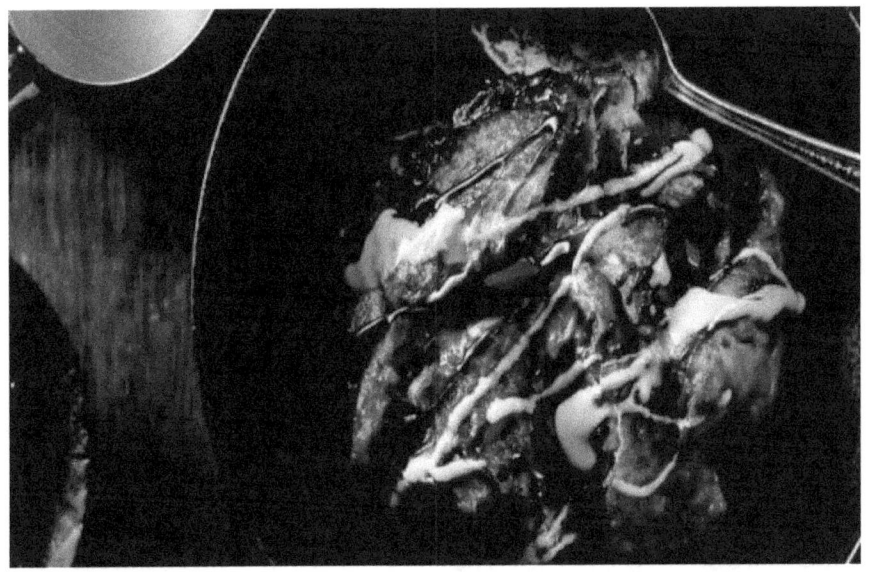

INGREDIENSER:
- 6 store croissanter, gerne daggamle
- 3 kopper sødmælk
- 1 kop tung fløde
- 1/2 kop granuleret sukker
- 4 store æg
- 2 tsk vaniljeekstrakt
- 1/4 tsk salt
- 1/2 kop mørk chokoladechips
- 1/4 kop maltet mælkepulver
- Flødeskum, til servering (valgfrit)

INSTRUKTIONER:
a) Forvarm ovnen til 350°F. Smør en 9x13 tommer bageform.
b) Skær croissanterne i mundrette stykker og læg dem i det tilberedte ovnfast fad.
c) I en stor skål piskes mælk, fløde, sukker, æg, vaniljeekstrakt, salt og maltet mælkepulver sammen, indtil det er godt blandet.
d) Hæld blandingen over croissanterne, og sørg for at fordele væsken jævnt.
e) Drys de mørke chokoladechips over toppen af brødbuddingen.
f) Dæk bageformen med alufolie og bag i 35 minutter.
g) Fjern folien og fortsæt med at bage i yderligere 15-20 minutter, eller indtil brødbuddingen er sat og toppen er gyldenbrun.
h) Lad brødbuddingen køle af et par minutter inden servering. Top med flødeskum, hvis det ønskes.

27. Chokolade mandel Croissant Éclairs

INGREDIENSER:
TIL PÂTE À CHOUX:
- 1/2 kop vand
- 1/2 kop sødmælk
- 1/2 kop usaltet smør, i tern
- 1/2 tsk salt
- 1 tsk sukker
- 1 kop universalmel
- 4 store æg, stuetemperatur

TIL CHOKOLADEMANDELFYLDET:
- 1 kop tung fløde
- 1 kop halvsød chokoladechips
- 1/2 kop mandelsmør

TIL CHOKOLADE GLASUREN:
- 1/2 kop halvsød chokoladechips
- 2 spsk usaltet smør
- 1 spsk majssirup

INSTRUKTIONER:

a) Forvarm ovnen til 375°F. Beklæd en bageplade med bagepapir.

b) I en mellemstor gryde kombineres vand, mælk, smør, salt og sukker. Varm op over medium varme, indtil smørret er smeltet og blandingen koger op.

c) Tilsæt melet på én gang og rør kraftigt med en træske, indtil blandingen danner en kugle og trækker sig væk fra siderne af gryden.

d) Tag gryden af varmen og lad den køle af i 5 minutter.

e) Tilsæt æggene et ad gangen, pisk godt efter hver tilsætning, indtil blandingen er glat og blank.

f) Sæt en kagepose med en stor rund spids og fyld med choux-dejen.

g) Sprøjt dejen ud på den forberedte bageplade og danner 6-tommer lange éclairs.
h) Bages i 25-30 minutter, eller indtil de er gyldenbrune og hævede.
i) Tag ud af ovnen og lad køle helt af.
j) Opvarm den tunge fløde i en mellemstor gryde, indtil den lige koger.
k) Tag af varmen og tilsæt chokoladechips og mandelsmør. Rør indtil chokoladen er smeltet og blandingen er jævn.
l) Skær en lille slids i bunden af hver éclair og rør fyldet ind i midten.
m) I en lille gryde smeltes chokoladechips, smør og majssirup ved lav varme, under konstant omrøring, indtil det er glat.
n) Dyp toppen af hver éclair i chokoladeglasuren og læg den på en rist for at sætte sig.
o) Valgfrit: Drys med skivede mandler.

28. Chokolade dækket Jordbærcroissanter

INGREDIENSER:

- 6 croissanter
- 1/2 kop jordbærsyltetøj
- 1/2 kop halvsød chokoladechips
- 1 spsk usaltet smør
- 1/4 kop tung fløde
- Friske jordbær, skåret i skiver (valgfrit)

INSTRUKTIONER:

a) Forvarm ovnen til 375°F.
b) Skær hver croissant i halve på langs.
c) Fordel 1-2 spiseskefulde jordbærsyltetøj på den nederste halvdel af hver croissant.
d) Udskift den øverste halvdel af hver croissant og læg dem på en bageplade.
e) Bag i 10-12 minutter, eller indtil croissanterne er let gyldenbrune.
f) I en lille gryde smeltes chokoladechips, smør og fløde ved lav varme under konstant omrøring, indtil det er glat.
g) Tag croissanterne ud af ovnen og lad dem køle af i et par minutter.
h) Dyp toppen af hver croissant i chokoladeblandingen, lad det overskydende dryppe af.
i) Læg de chokoladeovertrukne croissanter på en rist for at køle af og sætte sig.
j) Valgfrit: Top med friske jordbærskiver før servering.

HOVEDRET

29. Suprêmes De Volaille a Blanc

INGREDIENSER:
TILBEREDNING AF KYLLINGEBRYSTER
- 4 suverœner
- ½ tsk citronsaft
- ¼ tsk salt
- Stor knivspids hvid peber
- 4 spsk smør
- En tung, dækket flammesikker gryde med en diameter på omkring 10 tommer
- En omgang vokspapir skåret til, så den passer til gryden
- Et varmt serveringsfad

VIN OG FLØDESAUCE OG SERVERING
- ¼ kop hvid eller brun bouillon eller oksebouillon på dåse
- ¼ kop portvin, Madeira eller tør hvid vermouth
- 1 kop tung fløde Salt, hvid peber og citronsaft
- 2 spsk friskhakket persille

INSTRUKTIONER:
a) Forvarm ovnen til 400 grader.

b) Gnid suprêmes med dråber citronsaft og drys let med salt og peber. Varm smør i en gryde, indtil det skummer. Rul hurtigt suprêmes i smørret, læg papiret over dem, dæk gryden og sæt dem i en varm ovn.

c) Efter 6 minutter skal du trykke på toppen af suprêmes med din finger; hvis stadig blød og squashy, tilbage til ovnen i et minut eller to mere.

d) De er færdige, når de føles let fjedrende og spændstige; ikke overkoge dem. Fjern suprêmes til et varmt serveringsfad; dæk til og hold varm, mens du laver saucen, hvilket vil tage 2 til 3 minutter.

e) Hæld bouillon eller bouillon og vinen i gryden med kogesmørret og kog hurtigt ned ved høj varme, indtil

væsken er sirupsagtig. Hæld derefter fløden i og kog hurtigt ind, indtil den er lidt tyk.
f) Smag forsigtigt til med salt, peber og dråber citronsaft.
g) Hæld saucen over suprêmes, drys med persille, og server straks.

30. Risotto

INGREDIENSER:

⅓ kop finthakket løg
2 spsk smør
En tung gryde med 6 kopper eller en ildfast gryde
1 kop uvaskede rå hvide ris
2 kopper hønsefond eller bouillon, opvarmet til kogning
Salt og peber
En lille urtebuket: 2 persillekviste, ⅓ laurbærblad og $\frac{1}{8}$ tsk timian bundet i vasket osteklæde

INSTRUKTIONER:

Kog løgene langsomt i smørret i flere minutter, indtil de er bløde og gennemsigtige. Tilsæt risene og rør ved moderat varme i 3 til 4 minutter, indtil riskornene, som først bliver gennemsigtige, bliver mælkehvide. Dette trin koger den melede risbelægning og forhindrer kornene i at klæbe sammen. Rør derefter hønsefonden i, krydr let med salt og peber, og tilsæt urtebuketten. Rør kort, indtil simren er nået, dæk derefter tæt og kog ved moderat simre på komfuret eller i en forvarmet 350 graders ovn. Reguler varmen, så risene har suget væsken til sig på cirka 18 minutter, men rør slet ikke i risene under tilberedningen. Når du er færdig, luftes let med en gaffel, tilsæt mere salt og peber, hvis det er nødvendigt. (Risottoen kan koges i forvejen og stilles til side uden låg; for at genopvarme, læg den i en gryde med kogende vand, dæk risene, og fnug med en gaffel af og til, indtil risene er gennemvarme. Kog dem ikke for meget.)

31. Haricots Verts Au Maître d'Hôtel

INGREDIENSER:
FORELØBIG TILBEREDNING ELLER BLANCHERING
3 lbs. friske grønne bønner
En stor kedel, der indeholder 7 til 8 liter hurtigt kogende vand
$3\frac{1}{2}$ spsk salt
BETJENER
En tung 8- til 10-tommer emaljeret eller non-stick gryde eller stegepande
Salt og peber
3 til 4 spsk smør
1 tsk citronsaft
2 til 3 spsk hakket frisk persille

INSTRUKTIONER:
Snap ender af bønner. Lige før tilberedning, vask hurtigt under varmt vand. Hæld bønnerne i en kedel, tilsæt salt og bring dem hurtigt i kog igen. Kog uden låg i 8 minutter, og test derefter en bønne ved at spise den. Bønner er færdige, når de er møre, men stadig bevarer et antydning af sprødhed. Så snart de er færdige, læg et dørslag over elkedlen og hæld vandet fra bønnerne. Kom derefter koldt vand i en kedel i flere minutter for at afkøle bønnerne og for at indstille farven og konsistensen. Dræne. Stil til side indtil den skal bruges.

For at servere, smid bønner i gryden eller stegepanden over moderat høj varme for at fordampe al deres fugt. Vend derefter med salt, peber og smør, indtil det er godt opvarmet - 2 minutter eller deromkring. Vend igen med en teskefuld citronsaft og hakket persille. Server straks.

32. Terrine De Porc, Veau, Et Jambon

INGREDIENSER:
DEN BASIC PÂTÉ-BLANDING

½ kop finthakket løg
2 spsk smør
En lille stegepande
En 3-quart røreskål
½ kop tør portvin eller Madeira eller cognac
¾ lb. (1½ kopper) fintmalet magert svinekød
¾ lb. (1½ kopper) fint malet magert kalvekød
½ lb. (1 kop) malet frisk svinefedt (se noter i begyndelsen af opskriften)
2 let pisket æg
½ tsk salt
½ tsk peber
½ tsk timian
Stor knivspids allehånde
Et lille fed moset hvidløg

KALVESTRIMENE

½ lb. magert kalvekød fra rund- eller mørbraden, skåret i ¼-tommers strimler
En skål
3 spsk cognac
Salt og peber
Knip hver af timian og allehånde
1 spsk finthakket skalotteløg eller spidskål
Valgfrit: 1 eller flere dåsetrøfler skåret i ¼-tommers terninger og saft fra dåse

DANNER PâTÉEN

En 2-quart bradepande eller pande (se noter i begyndelsen af opskriften)
Tilstrækkelige plader eller strimler af svinefedt til at omslutte paté (se noter i begyndelsen af opskriften)

4 kopper af den grundlæggende patéblanding
½ lb. magert kogt skinke skåret i strimler ¼ tomme tykke
1 laurbærblad
Sølvpapir
Et kraftigt låg til bageform eller pande
En pande til at holde en bageplade i ovnen

INSTRUKTIONER:
Kog løgene langsomt i smørret, indtil de er bløde og gennemsigtige; skrab dem derefter ned i røreskålen. Hæld vinen i gryden og kog indtil reduceret til det halve; tilsæt til løgene i røreskålen.

Pisk hakket kød, fedt, æg og krydderier kraftigt i løgene, indtil alt er grundigt blandet, og teksturen er blødgjort og lysnet - 2 til 3 minutter. Sauter en lille skefuld, indtil den er gennemstegt; smag til og ret krydderier evt.

Mens du forbereder andre ingredienser, skal du marinere kalvekødet i en skål med cognacen og andre krydderier, inklusive de valgfrie trøfler og saften fra deres dåse. Før brug skal du dræne kalvekødet og trøflerne; reserver marinaden.

(Forvarm ovnen til 350 grader til næste trin.)

Beklæd bunden og siderne af fadet med strimler af svinefedt, og tryk det fast på plads. Pisk kalvemarinade ind i den grundlæggende patéblanding, og fordel en tredjedel i bunden af fadet. Dæk med halvdelen af strimlerne af marineret kalvekød, skiftevis med halvdelen af strimlerne af skinke. Hvis du bruger trøfler, skal du placere dem i en række nede i midten. Dæk med halvdelen af den resterende patéblanding, resten af kalve- og skinkestrimlerne, flere trøfler og til sidst det sidste af patéblandingen. Læg laurbærbladet ovenpå; dæk med et ark eller strimler af svinefedt. Omslut toppen af fadet med aluminiumsfolie og sæt på låget (læg en vægt ovenpå, hvis låget er løst eller spinkelt).

AT BAGE PâTÉEN

Sæt et fad i en lidt større gryde og hæld nok vand i til at komme to tredjedele op. Sæt i den nederste tredjedel af forvarmet 350 graders ovn og bag i cirka $1\frac{1}{2}$ time, eller indtil patéen er krympet en smule fra bageformen, og al væske og omgivende saft er klar gul uden spor af rosenrød farve.

KØLING, KØLING OG SERVERING

Når du er færdig, tages fadet op af vandet og lægges på en tallerken. Tag låget af, og læg et stykke træ, en pande eller et fad oven på foliebeklædningen, som lige passer ind i bageformen. På eller i det, placer en 3- til 4-pund vægt eller dele af en kødhakker; dette vil pakke patéen ned, så der ikke bliver luftrum senere. Afkøl ved stuetemperatur i flere timer, og stil derefter på køl, stadig vægtet ned, i 6 til 8 timer eller natten over.

Skær serveringsskiver lige fra bageformen ved bordet, eller frigør patéen, pil svinefedtet af og server patéen pyntet i aspic. (Bemærk: Hvis du opbevarer den i mere end 2 eller 3 dage i køleskabet, skal du fjerne formen til den afkølede paté og skrabe al kødgelé af overfladen, da det er geléen, der fordærves først. Tør patéen tør og vend tilbage til bageformen eller pakningen i vokspapir eller plastfolie.)

33. Épinards Au Jus; Épinards a La Crème

INGREDIENSER:
FORELØBIG TILBEREDNING ELLER BLANCHERING
3 lbs. frisk spinat
En stor kedel, der indeholder 7 til 8 liter hurtigt kogende vand
3½ spsk salt
En hakkekniv i rustfrit stål
BETJENER
2 spsk smør
En tykbundet 8-tommer emaljeret gryde eller stegepande
1½ spsk sigtet mel
1 kop oksefond, oksebouillon på dåse eller tung fløde
Salt og peber
1 til 2 spsk blødgjort smør

INSTRUKTIONER:
Skær og vask spinaten. Slip det i det kogende vand en håndfuld ad gangen, tilsæt salt og kog langsomt uden låg i 2 til 3 minutter, eller indtil spinaten er blød. Dræn, kør koldt vand i en kedel i et minut eller to, dræn igen. Klem så meget vand fra spinaten som muligt med håndfulde. Hakke. Stil til side indtil den skal bruges. (Gør omkring 3 kopper.)
Smelt smørret i gryden. Når det bobler, tilsæt den hakkede spinat og rør ved moderat høj varme i 2 til 3 minutter for at fordampe fugt. Når spinaten lige begynder at klæbe til bunden af gryden, sænk varmen til moderat og rør melet i. Kog under omrøring i 2 minutter. Fjern fra varmen og bland bouillon, bouillon eller fløde i. Krydr let, lad det simre, læg låg på og kog meget langsomt i 10 til 15 minutter. Rør ofte for at forhindre svidning. Korriger krydderierne, rør blødgjort smør i og server.

34. Carottes Étuvées Au Beurre / Gulerødder braiseret i smør

INGREDIENSER:
5 til 6 kopper skrællede og skåret i skiver eller i kvarte gulerødder (ca. 1½ lbs.)
En tykbundet 2-quart emaljeret gryde
1 spsk granuleret sukker
1¼ dl vand
1½ spsk smør
½ tsk salt
Knip peber
2 spsk friskhakket persille
1 til 2 spsk ekstra smør

INSTRUKTIONER:
Kom gulerødderne i gryden med sukker, vand, smør, salt og peber. Dæk til og kog langsomt i cirka 30 minutter, eller indtil gulerødderne er møre og væsken er fordampet. Korrekt krydring. Lige før servering, genopvarmes ved at smide med persille og ekstra smør.

35. Champignons Farcis / fyldte svampe

INGREDIENSER:

12 store svampe
2 til 3 spsk smeltet smør
En overfladisk bageplade
Salt og peber
2 spsk hakket skalotteløg eller spidskål
2 spsk smør
½ spsk mel
½ kop tung fløde
3 spsk friskhakket persille
Yderligere salt og peber
¼ kop revet schweizerost
1 til 2 spsk smeltet smør

INSTRUKTIONER:

Fjern svampestængler og gem dem. Vask og tør hætterne, pensl med smeltet smør, og anbring med hulsiden opad i bageformen. Smag let til med salt og peber.

Vask og tør stilkene og hak. Drej i håndfulde hjørnet af et håndklæde for at udvinde så meget saft som muligt. Sauter med skalotteløg eller spidskål i smør i 4 eller 5 minutter, indtil stykkerne begynder at skille sig. Sænk varmen, tilsæt mel og rør i 1 minut. Rør fløde i og lad det simre i et minut eller to, indtil det er tyknet. Rør persille og krydderier i. Fyld svampehætterne med denne blanding; top hver med 1 tsk ost og dryp på dråber af smeltet smør. Stil til side, indtil du er klar til at afslutte tilberedningen.

15 minutter eller deromkring før servering, bages i den øverste tredjedel af en forvarmet 375-graders ovn, indtil hætterne er møre og fyldet er let brunet på toppen.

36. Escalopes De Veau Sautées a l'Estragon

INGREDIENSER:

4 eller flere kalvemuslinger
1½ spsk smør
½ spsk madolie
En 10-tommer emaljeret eller non-stick stegepande
SAUCE OG SERVERING
1 spsk hakket skalotteløg eller spidskål
Valgfrit: ¼ kop Sercial Madeira eller tør hvid vermouth
½ spsk tørrede estragonblade
1 kop brun bouillon eller oksekødsbouillon på dåse; eller ¼ kop bouillon og 1 kop tung fløde
Valgfrit: 1 kop svampe, som tidligere er sauteret i smør i cirka 5 minutter
½ spsk majsstivelse blandet til en pasta med 1 spsk vand
Salt og peber
1 spsk blødt smør
Et varmt serveringsfad
Persillekviste

INSTRUKTIONER:

Tør kammuslingerne grundigt på køkkenrulle. Varm smør og olie op i gryden ved høj varme. Når smørskummet næsten har lagt sig, men ikke bruner, tilsættes kammuslinger. Træk dem ikke sammen; kog dem evt et par ad gangen. Sauter på den ene side i ca. 4 minutter, regulering af varmen, så fedtet altid er meget varmt, men ikke bruner; vend derefter og svits kød på den anden side. Kammuslinger er færdige, når de bare er modstandsdygtige over for trykket fra dine fingre, og saften bliver klar gul, når kødet prikkes. Tag kammuslingerne ud i et tilbehør og lav saucen som følger:

Hæld alt på nær en spiseskefuld fedt fra panden. Tilsæt skalotteløg eller spidskål og rør ved moderat varme i ½ minut. Tilsæt derefter den valgfrie vin, estragonen og fonden eller bouillonen. Skrab al den koagulerede sautésaft op med en træske, og lad den simre et øjeblik. (Hvis du bruger fløde, tilsæt det nu.) Kog hurtigt for at reducere væsken til ca. ⅔ kop. Fjern fra varmen, pisk majsstivelsesblanding og valgfri svampe i. Lad det simre under omrøring i 2 minutter. Krydr kammuslingerne let med salt og peber, kom dem tilbage i gryden og drys med saucen. Korrekt krydring. Stil til side uden låg indtil et par minutter før servering.

Lige før servering varmes det op igen, mens kammuslingerne dryppes med sauce i et minut eller to, indtil de er gennemvarme. Fjern fra varmen, læg kammuslinger på et varmt serveringsfad, og tilsæt smør til saucen i gryden. Rør panden rundt, indtil smørret er absorberet, og hæld derefter sauce over kammuslinger. Pynt med persille, og server med det samme.

37. Escalope De Veau Gratinées

INGREDIENSER:

3 spsk smør
En tykbundet 2 liter gryde
4 spsk mel
2 kopper varm kalve- eller hønsefond eller bouillon
En trådpisk
½ kop finthakket løg, tidligere kogt i smør, indtil de er gennemsigtige
1 kop champignon i skiver, tidligere sauteret i smør i cirka 5 minutter
⅓ kop tung fløde
½ kop revet schweizerost
Et bagefad, 2 tommer dybt
Salt, peber og citronsaft
4 til 8 tidligere sauterede kalvemuslinger eller snittede rester af kalvekød
Valgfrit: 4 til 8 skiver mager kogt skinke
1 spsk blødgjort smør

INSTRUKTIONER:

Forvarm ovnen til 375 grader.
Smelt smør i en gryde, bland derefter mel i og kog langsomt under omrøring i 2 minutter uden at brune. Fjern fra varmen. Hæld al den varme bouillon eller bouillon i på én gang og pisk kraftigt med en trådpisk for at blende. Kog under omrøring i 1 minut. Rør kogte løg i og lad det simre i 5 minutter. Rør svampe i og lad det simre i 5 minutter mere. Tynd ud med skefulde fløde, men saucen skal være ret tyk. Korrekt krydderi; tilsæt to tredjedele af osten. Smør bageformen let. Fordel en skefuld eller to sauce på bunden af fadet. Salt og peber kalvekød og læg i overlappende skiver i et fad, med en skefuld sauce og en skive valgfri

skinke mellem hver. Dæk med den resterende sauce, drys den resterende ost på, og dryp med smør. Stil til side eller køl indtil cirka ½ time før servering.

For at afslutte tilberedningen skal du placere den i den øverste tredjedel af en forvarmet 375-graders ovn, indtil den bobler, og toppen er let brunet. Må ikke overkoges.

38. Foies De Volaille Sautés, Madeire

INGREDIENSER:

1 lb. kyllingelever (ca. 2 kopper)
Salt og peber
½ kop mel i en tallerken
En stor si
2 spsk smør
1 spsk madolie
En tung 10-tommer emaljeret eller non-stick stegepande
Valgfrit: 1 kop kogt skinke i tern, tidligere sauteret i smør, og/eller 1 kop friske champignon i kvarte, tidligere sauteret i smør
½ kop oksefond eller bouillon
⅓ kop tør Sercial Madeira
1 spsk blødt smør
1 spsk frisk hakket persille

INSTRUKTIONER:

Pluk kyllingeleverne over; skære eventuelle filamenter og sorte eller grønlige pletter ud (disse er forårsaget af galdesækken, som hvilede på leveren før rengøring). Tør på køkkenrulle. Lige før tilberedning drysses let med salt og peber, rulles i mel og rystes derefter i en sigte for at fjerne overskydende mel.

Smelt smør og olie i gryden ved moderat høj varme. Når du ser smørskummet begynder at aftage, tilsættes kyllingeleverne. Kast ofte i 3 til 4 minutter, indtil leverne er let brunede; de er færdige, når de bare er fjedrende ved at trykke på fingeren. Må ikke overkoges. Tilsæt valgfri sauteret skinke og champignon, hæld fonden og vinen i, og lad det simre i 1 minut. Smag og korrekt krydring. (Sæt til side til senere, hvis du ikke er klar til at servere.)

Genopvarm lige før servering, tag derefter af varmen og vend med det bløde smør og persille.

39. Timbale De Foies De Volaille / Kyllingeleverskimmel

INGREDIENSER:
CUTSARD-BLANDINGEN
1 lb. kyllingelever (ca. 2 kopper)
2 æg (USA klassificeret "large")
2 æggeblommer
$\frac{1}{4}$ tsk salt
$\frac{1}{8}$ tsk peber
1 kop tyk hvid sauce ($1\frac{1}{2}$ spsk smør, 2 spsk mel og 1 kop mælk)
Valgfrit: ⅓ kop tung fløde
2 TB portvin, Madeira eller cognac
BAGNING OG SERVERING
En 4-koppers bageform $2\frac{1}{4}$ til 3 inches dyb, eller 8 halv-kops ramekins eller vanillecreme kopper
1 spsk blødgjort smør
En gryde med kogende vand til at rumme en bageplade eller ramekins
2 kopper hollandaise eller bearnaise; eller flødesauce smagt til med 1 tsk tomatpure og estragon eller persille (se denne side)

INSTRUKTIONER:
Pluk kyllingelever, skær eventuelle filamenter og sorte eller grønlige pletter ud. Læg dem i glasset i en elektrisk blender med æg, æggeblommer, salt og peber, og blend i 1 minut. Tilsæt den hvide sauce og vinen eller cognacen, blend i 15 sekunder mere og si gennem en sigte ned i en skål. (Eller purér kyllingelever gennem en madmølle eller kødkværn i en skål, pisk resten af ingredienserne i og skub gennem en sigte.)
Forvarm ovnen til 350 grader.

Smør en let hinde af smør inde i en bradepande eller ramekins, og fyld leverblandingen inden for $\frac{1}{8}$ tomme fra toppen. Når du er klar til at bage, lægges den i en gryde med kogende vand, og anbring den derefter i midterste niveau af forvarmet ovn. Reguler vandet i gryden, så det næsten, men ikke helt simrer. Timbalen er færdig, når den viser en meget svag krympning fra fadet, og når en kniv, der er kastet ind i midten, kommer ren ud. Tillad ca. 30 minutter i ovnen til en timbale lavet i en bageform; omkring 20, hvis du bruger ramekins. (Hvis det ikke serveres med det samme, lad det stå i en gryde med vand i slukket ovn, med lågen på klem - eller opvarm igen, hvis det er nødvendigt.)

For at løsne en timbale lavet i en bageform, lad den trække i 5 minutter, hvis du lige er færdig med at bage, og kør derefter en kniv rundt om kanten af timbalen. Vend et let smurt varmt serveringsfad på hovedet over formen, vend derefter de to om, hvilket giver et skarpt nedadgående ryk, og klangen falder på plads. For at løsne ramekins skal du køre en kniv rundt om kanten af hver enkelt og udforme dem på varme plader eller et fad, hvilket giver et skarpt nedadgående ryk for hver lige til sidst.

Hæld sauce over og rundt om timbalen eller ramekinerne, og server straks, og hæld resten af saucen i en opvarmet skål.

Timbales er bedst som et separat kursus med varmt franskbrød og en afkølet hvid Bourgogne, Graves eller Traminer.

40. Canard a l'Orange / Andesteg med appelsinsauce

INGREDIENSER:
LAGER TIL SAVSEN
- Andevingeender, hals, indmad
- 2 spsk madolie
- 1 mellemstor gulerod, skåret i skiver
- 1 mellemstor løg, skåret i skiver
- 1 kop oksebouillon
- 2 kopper vand
- 4 persillekviste, 1 laurbærblad og $\frac{1}{4}$ tsk salvie

APPELSINESKRÆLEN
- 4 farvestrålende appelsiner, navle eller Valencia, hvis muligt
- 1 liter vand

ANDSTEGNING
- Stegetid: 1 time og 30 til 40 minutter.
- En 5-lb. færdiglavet ælling
- $\frac{1}{2}$ tsk salt
- $\frac{1}{8}$ tsk peber
- ⅓ af den tilberedte appelsinskal
- En flad bradepande med rist, lige stor nok til at holde anden let

FORTSÆTTER MED SAVSEN; DE ORANGE SEGMENTER
- 3 spsk granuleret sukker
- $\frac{1}{4}$ kop rødvinseddike
- De 2 kopper andefond
- 2 Tb arrowroot blandet med 2 Tb port
- Resten af appelsinskallen, og appelsinerne

SLUTMONTERING OG SERVERING
- $\frac{1}{2}$ kop tør portvin
- Den tilberedte sauce base
- 2 til 3 spsk appelsinlikør
- Dråber appelsinbitter eller citronsaft

- 2 til 3 spsk blødgjort smør

INSTRUKTIONER:

a) Skær andevingenderne, halsen og indmaden i 1-tommers stykker. Brun i en stegepande i varm madolie med snittet gulerod og løg. Overfør til en tyk gryde, tilsæt bouillon og nok vand til at dække med 1 tomme. Bring det op, skum afskum, tilsæt derefter krydderurterne og lad det simre i 2 til 2½ time. Si, skum alt fedt fra og kog ned, indtil du har 2 kopper væske. Når den er kold, dæk til og stil den på køl, indtil den skal bruges.

b) Brug en grøntsagsskræller og fjern kun den orange del af skindet i strimler. Skær i fine julienne (små strimler ikke mere end 1/16 tomme brede og 1½ tomme lange). Lad det simre i 15 minutter i 1 liter vand for at fjerne bitterhed; dræn derefter, skyl i koldt vand og tør i køkkenrulle. En del af skrællen går i saucen; del, inde i anden. Pak den ind i vokspapir og stil den på køl, hvis du ikke er klar til at bruge den. Pak de delvist skrællede appelsiner ind og stil dem på køl til senere.

c) Forbered anden som beskrevet i starten af opskriften; tør grundigt, krydr hulrummet med salt og peber, og tilsæt appelsinskallen. Truss vinger og ben til kroppen og luk hulrum. For nøjagtig timing skal and være ved stuetemperatur.

d) Hvis du steger anden på et roterende spyd, skal du bruge moderat høj varme. Til ovnstegning, forvarm til 450 grader og sæt andebryst på en rist i bradepanden; efter 15 minutter, skru ovnen ned til 350 grader, og vend derefter anden fra den ene side til den anden hvert 15. minut, og på ryggen i de sidste 15 minutter. Basting er ikke nødvendigt.

e) For at se, hvornår and er færdig, prik den tykkeste del af underlårene dybt med en gaffel: saften skal løbe svagt rosenrød for at blive klar; når and er drænet, skal de sidste dråber saft fra udløbet løbe svagt rosenrødt til klart gult.
f) Blend sukker og eddike i en lille gryde, rør rundt for at smelte sukkeret fuldstændigt, og kog derefter hurtigt, indtil blandingen er en karamelbrun. Fjern fra varmen og pisk halvdelen af andefonden i; lad det simre under omrøring for at opløse karamellen. Fjern fra varmen, hæld resten af andefond i, og bland pilerodsblandingen i. Tilsæt appelsinskal og lad det simre i 3 til 4 minutter; omhyggeligt korrekt krydring. Saucen bliver lidt fortykket og klar.
g) Kort før servering skæres den hvide del af skrællen af appelsinerne, og derefter skæres appelsinerne i pæne, hudløse segmenter – hvis det gøres for langt frem, vil segmenterne ikke smage frisk. Stil på køl i en tildækket skål indtil servering.
h) Når and er færdig, læg på serveringsfad og kassér trussstrenge; hold den varm i slukket ovn, indtil den skal serveres. Hæld fedtet ud af bradepanden, hæld portvinen i, og skrab al koaguleret stegesaft op med en træske. Hæld blandingen i saucen og kog op, tilsæt appelsinlikør. Smag omhyggeligt; tilsæt dråber bitter eller citronsaft, hvis saucen virker for sød. Lige inden servering tages det af varmen og smørret røres i, en spiseskefuld ad gangen.
i) Dekorer andebryst med orange segmenter og bun resten af segmenter i hver ende af fadet; en ske med sauce og skræl over and, hæld resten i en varm saucebåd og server.

41. Canard a La Montmorency

INGREDIENSER:

1 spsk citronsaft
3 tb port eller cognac
Sukker efter smag (2 til 3 tb)
4 kopper kødgelé med vinsmag i en gryde
Et 12-tommers serveringsfad
En 4½-lb. stegt and, afkølet og skåret i serveringsstykker

INSTRUKTIONER:

Smid kirsebærene i en skål med citronsaft, portvin eller cognac og sukker. Lad dem macerere (stejle) i 20 til 30 minutter. Tilsæt derefter kirsebærene og deres macerationssaft til kødgeléen. Hvis du bruger friske kirsebær, opvarmes til under kogepunktet i 3 til 4 minutter for at pochere forsigtigt uden at briste; opvarm kun 1 minut til dåsekirsebær. Dræn og afkøl.

Hæld et ⅛-tommer lag varm gelé på et fad og afkøl i 15 til 20 minutter, indtil det er sat. Pil skindet af udskåret and, og anbring andestykker i et attraktivt design over afkølet gelélag på fad. Hæld et lag kold sirupsgelé over anden (første lag hæfter ikke særlig godt), køl 10 minutter, og gentag med på hinanden følgende lag, indtil du har en 1/16-tommer belægning.

Dyp de afkølede kirsebær i en smule sirupsagtig gelé, anret dem over and, og afkøl igen, indtil de er stivnet. Hæld et sidste lag eller to af gelé over and og kirsebær. Hæld den resterende gelé på en tallerken, afkøl, hak og ske rundt om and. Hvis du har ekstra gelé, kan du også ønske at lave mere pynt med geléudskæringer. Stil anden på køl indtil serveringstid - du kan færdiggøre retten en dag i forvejen.

42. Homard a l'Américaine

INGREDIENSER:
SAGER HUMMER
Tre 1½-lb. levende hummere
3 spsk olivenolie
En tung 12-tommer emaljeret stegepande eller gryde
Simring i vin og smagsstoffer
1 mellemstor gulerod, fint skåret
1 mellemstor løg, fint skåret
Salt og peber
3 spsk hakket skalotteløg eller spidskål
1 fed moset hvidløg
⅓ kop cognac
1 lb. tomater, skrællede, frøet, juicede og hakkede; eller ⅓ kop almindelig tomatsauce
2 spsk tomatpure, eller mere tomatsauce, hvis det er nødvendigt
1 kop fiskefond eller ⅓ kop muslingejuice
1 kop tør hvid vermouth
½ kop oksefond eller bouillon
2 spsk hakket persille
1 tsk tørret estragon eller 1 spsk frisk estragon
AFSLUTNING AF HUMMER
Hummer koraller og grønt stof
6 spsk blødgjort smør
En si sat over en 2-quart skål
En træske
BETJENER
En ring af dampede ris eller risotto på et varmt, let smørret fad
2 til 3 spsk hakket persille eller persille og frisk estragon

INSTRUKTIONER:

Forbered hummerne som beskrevet i det foregående afsnit. Varm olien op i gryden, indtil den er meget varm, men ikke ryger. Tilsæt hummerstykkerne med kødsiden nedad og sauter i flere minutter, vend dem, indtil skallerne er klare røde. Fjern hummer til et tilbehør.

Forvarm ovnen til 350 grader.

Rør gulerod og løg i tern i gryden, og kog langsomt i 5 minutter, eller indtil de er næsten møre. Krydr hummeren med salt og peber, kom tilbage i gryden, og tilsæt skalotteløg eller spidskål og hvidløg. Med en stegepande over moderat varme hældes cognacen i. Vend dit ansigt, antænd cognac med en tændt tændstik, og ryst gryden langsomt, indtil flammerne har lagt sig. Rør resten af ingredienserne i, bring det i kog, læg låg på og kog langsomt enten oven på komfuret eller midt i en forvarmet ovn. Reguler varmen, så hummer simrer stille og roligt i 20 minutter.

Mens hummeren simrer, tvinges hummerkorallen og det grønne stof med smøret gennem sigten og ned i skålen. Sæt til side.

Når hummeren er færdig, tages den ud i et tilbehør. (Tag kødet ud af skallerne, hvis du skal.) Sæt stegepanden med dens kogevæske over høj varme og kog hurtigt, indtil saucen er reduceret og tyknet lidt; det vil tykne mere, når smør- og-koralblandingen tilsættes senere. Smag meget omhyggeligt til til krydring. Kom hummeren tilbage i saucen.

Opskriften kan være færdig til dette punkt og færdig senere.

Bring jomfruhummeren i kog, indtil den er godt gennemvarmet. Fjern fra varmen. Pisk en halv kop af den varme sauce dråbevis i koral-og-smørblandingen, og hæld derefter blandingen tilbage over hummeren. Ryst og ryst panden over lav varme i 2 til 3 minutter for at pochere korallerne og gøre saucen tykkere, men lad den simre.

Anret hummer og sauce i risringen, pynt med krydderurter og server med det samme. En stærk, tør hvidvin såsom Bourgogne eller Côtes du Rhône ville være dit bedste valg.

43. Potee Normande: Pot-Au-Feu

INGREDIENSER:
OKSE- OG SVINEKØDET ELLER KALVØDET
- En kedel, der er stor nok til at rumme alle ingredienserne i opskriften
- En 4-lb. udbenet okse-chuck grydesteg
- En 4-lb. udbenet svine- eller kalveskulder
- 2 hver af selleri ribben, gulerødder, løg
- 1 lb. okse- og kalveknogler, revnede
- En stor urtebuket: 8 persillekviste, 6 peberkorn, 4 fed, 3 fed hvidløg, 2 tsk timian, 2 laurbærblade, alt bundet i vasket osteklæde
- 2 spsk salt

KYLLING OG FLYT
- 4 kopper uaktuelle hvide brødkrummer
- En stor røreskål
- $\frac{1}{4}$ til $\frac{1}{2}$ kop bouillon eller mælk
- $\frac{1}{4}$ kop smeltet smør
- $\frac{1}{4}$ kop kogt skinke i tern
- 3 ounces ($\frac{1}{2}$ pakke) flødeost
- $\frac{1}{2}$ tsk timian
- 1 æg
- Den hakkede kyllingelever, hjerte og skrællede krås, tidligere sauteret i smør med ⅔ kop hakket løg
- Salt og peber efter smag
- En 4-lb. stuve kylling

GRØNTSAGS GARNISERING OG PØLSE
- Gulerødder, skrællet og skåret i kvarte
- majroer, skrællet og delt i kvarte
- Løg, skrællet, rodender gennemboret
- Porrer, skåret til 6 til 8 inches lang, grøn del delt på langs, grundigt vasket
- Hel polsk pølse eller individuelle italienske pølser

INSTRUKTIONER:
a) Få okse- og svinekød eller kalvekød bundet sikkert; til hvert stykke kød skal du sætte en snor, der er lang nok til at fastgøres til kedlens håndtag. Placer oksekød i kedel; binde snor til at håndtere. Tilføj grøntsager, knogler, urtebuket og salt, og dæk med 6 tommer med koldt vand. Lad det simre, skum afskum og lad det simre i 1 time. Tilsæt derefter kalvekød eller svinekød.
b) Kom brødkrummer i en skål, fugt med lidt bouillon eller mælk, pisk derefter smør, skinke, ost, timian, æg og indmad i, og smag til med salt og peber. Fyld kyllingen og bind den, bind en lang snor til den, læg den i en kedel og bind enden af snoren for at håndtere den. Bring hurtigt kedlen tilbage til at simre, skum efter behov.
c) Forbered grøntsager og bind hver gruppe i vasket osteklæde; tilsættes i elkedel $1\frac{1}{2}$ time før slutningen af den beregnede simretid. Tilsæt pølse eller pølser (bundet i ostelærred), $\frac{1}{2}$ time før slut.
d) Kød og kylling er færdig, når en gaffel let gennemborer kødet. Hvis potee er færdig, før du er klar, vil den holde sig varm i godt 45 minutter, eller den kan blive genopvarmet.

BETJENER
e) For at servere skal du dræne kødet, skære og kassere snore og arrangere kød og kylling på et stort, varmt fad. Fordel grøntsagerne rundt, drys med persille og drys med lidt af kogefonden. Si og affedt en skålfuld kogefond til at servere sammen med fadet.
f) Foreslået tilbehør: kogte ris eller kartofler; tomat-, kapers- eller peberrodsauce; Kosher salt; syltede agurker; Fransk brød; rød- eller rosévin.

44. Filets De Poisson En Soufflé

INGREDIENSER:
POCHERING AF FISKEN
- ½ lb. skindfri skrubber eller tungefileter
- En emaljeret eller rustfrit stålgryde
- ½ kop tør hvid vermouth
- plus vand eller 1½ dl hvidvinsfiskefond
- 1 spsk hakket skalotteløg, grønne løg eller spidskål
- Salt og peber

SOUFFLE-BLANDINGEN
- 2½ spsk smør
- 3 spsk mel
- En gryde på 2½ liter
- ¾ kop varm mælk
- Salt, peber og muskatnød
- 1 æggeblomme
- 5 stift piskede æggehvider
- ½ kop groft revet schweizerost

INSTRUKTIONER:
a) Læg fisken i gryden med vermouth eller fiskefond og nok koldt vand til at dække. Tilsæt skalotteløg og krydderier.
b) Lad det simre uden låg i ca. 6 minutter, eller indtil fisken netop er gennemstegt; fjern fisken til et tilbehør. Kog kogevæsken hurtigt ned, indtil du har omkring ½ kop; reserver halvdelen til souffléblandingen og resten til saucen.
c) Kog smør og mel sammen i gryden i 2 minutter uden at farve. Fjern fra varmen. Pisk den varme mælk i med en trådpisk, derefter ¼ kop af fisketilberedningsvæsken. Bring i kog under omrøring i 1 minut. Fjern fra varmen. Pisk æggeblommen i. Rør en fjerdedel af de piskede

æggehvider i, og vend derefter forsigtigt resten af æggehviderne og alle undtagen 2 spsk af osten i.

BAGNING AF SOFFLEEN

d) Forvarm ovnen til 425 grader.
e) Smør let et ovalt ildfast fad ca. 16 centimeter langt. Fordel et ¼-tommer lag souffléblanding i bunden af fadet. Flæk de pocherede fiskefileter og del i 6 portioner på fadet. Hæld resten af souffléblandingen over fisken, og lav 6 bunker.
f) Drys med den resterende ost og sæt på en rist i den øverste tredjedel af den forvarmede ovn. Bag i 15 til 18 minutter, eller indtil souffléen er hævet og brunet på toppen.

45. Cassoulet

INGREDIENSER:
BØNNERNE
- En 8 liters kedel indeholdende 5 liter hurtigt kogende vand
- 5 kopper (2 lbs.) tørre hvide bønner (Great Northern eller small white California)
- ½ lb. frisk eller salt flæskesvær
- 1 lb. magert salt svinekød simret i 10 minutter i 2 liter vand
- En tung gryde
- 1 kop hakkede løg
- En stor urtebuket: 8 persillekviste, 4 upillede fed hvidløg, 2 fed, ½ tsk timian og 2 laurbærblade bundet i vasket osteklæde
- Salt

SVINEKØDET
- 2½ lbs. udbenet flæskesteg (lænd eller skulder), overskydende fedt fjernes

LAMMET
- 2½ lbs. udbenet lammeskulder
- 3 til 4 TB madolie
- En tung ildfast gryde eller stor stegepande
- 1 lb. revnede lammeben
- 2 kopper hakket løg
- 4 fed mosede hvidløg
- 6 TB tomatpure
- ½ tsk timian
- 2 laurbærblade
- 2 kopper tør hvid vermouth
- 3 kopper oksebouillon
- 1 kop vand
- Salt og peber

HJEMMELAGEDE PØLSEKAGER

- 1 lb. (2 kopper) magert hakket svinekød
- ⅓ lb. (⅔ kop) frisk, malet svinefedt
- 2 tsk salt
- ⅛ tsk peber
- Stor knivspids allehånde
- ⅛ tsk smuldret laurbærblad
- Et lille fed moset hvidløg
- Valgfrit: ¼ kop cognac eller armagnac og/eller 1 lille hakket trøffel og saft fra dåse

ENDELIG MONTERING

- 2 kopper tørre hvide brødkrummer
- ½ kop hakket persille
- En 8-liters ildfast gryde eller bageplade 5 til 6 tommer høj
- 3 spsk flæskestegsfedt eller smeltet smør

INSTRUKTIONER:

a) Drop bønnerne i det kogende vand. Bring hurtigt i kog igen og kog i 2 minutter. Fjern fra varmen og lad bønner trække i 1 time. Læg i mellemtiden flæskesvær i en gryde med 1 liter vand, bring det i kog og kog i 1 minut. Dræn, skyl i koldt vand, og gentag processen. Skær derefter skorpen i strimler ¼ tomme brede; skær strimler i små trekanter. Læg igen i gryden, tilsæt 1 liter vand og lad det simre meget langsomt i 30 minutter; sæt gryden til side.

b) Så snart bønnerne har ligget i blød i 1 time, tilsæt flæskesaltet, løgene, urtepakken og flæskesværen med kogevæsken i kedlen. Lad det simre, skum afskum og lad det simre langsomt uden låg i cirka 1½ time, eller indtil bønnerne er lige møre. Tilsæt kogende vand, hvis det er nødvendigt under tilberedningen, for at holde bønnerne dækket. Smag til med salt i slutningen af tilberedningen. Lad bønnerne ligge i kogevæsken, indtil de skal bruges.

c) Steg flæsket til en indre temperatur på 175 grader. Sæt til side, behold madlavningssaft.

d) Skær lam i 2-tommer stykker, tør grundigt, og brun et par stykker ad gangen i meget varm madolie i den ildfaste gryde eller store stegepande. Tag kødet ud i et tilbehør, brun knoglerne, fjern dem, og brun løgene let. Dræn bruningsfedt ud, læg kød og ben tilbage, og rør hvidløg, tomatpure, timian, laurbærblade, vin og bouillon i. Kog op, krydr let, læg låg på og lad det simre langsomt i $1\frac{1}{2}$ time. Kassér ben og laurbærblade, skum fedtet af, og smag til med salt og peber.

e) Pisk alle ingredienser sammen; form til kager 2 tommer i diameter og $\frac{1}{2}$ tomme tykke. Brun let i en gryde, og afdryp på køkkenrulle.

f) Dræn bønnerne, kassér urtepakken, og skær saltflæsket i $\frac{1}{4}$-tommers serveringsskiver. Skær flæskestegen i $1\frac{1}{2}$- til 2-tommers serveringsstykker. Læg et lag bønner i bunden af gryden eller bageformen. Dæk med et lag af lam, svinekød, salt svinekød og pølsekager. Gentag med lag af bønner og kød, afslut med et lag pølsekager.

g) Hæld lamme-tilberedningsjuice, svinekød-stegningsjuice og tilstrækkelig med bønne-tilberedningsvæske til næsten ikke at dække det øverste lag af bønner. Bland brødkrummer og persille sammen, fordel ud over bønnerne og pølsekagerne, og dryp fedtet eller smørret på. Stil til side eller køl, indtil den er klar til endelig tilberedning.

BAGNING

h) Forvarm ovnen til 400 grader.

i) Bring gryden til at simre oven på komfuret, og sæt den derefter i den øverste tredjedel af den forvarmede ovn. Når toppen har fået let skorpe, om cirka 20 minutter, skrues ovnen ned til 350 grader. Bræk skorpen i bønnerne med bagsiden af en ske, og dryp med væsken i gryden.

j) Gentag flere gange, mens skorpen dannes igen, men lad en sidste skorpe være intakt til servering. Hvis væsken bliver for tyk, tilsæt et par skefulde bønnejuice. Cassoulet skal bage i cirka en time.

46. Coulibiac De Saumon En Croûte

INGREDIENSER:
KONTIGDEJEN
- 4 kopper universalmel (sigtet direkte i hver kop og jævnet ud med en flad kniv)
- En stor røreskål
- 1¾ pinde (7 ounce) afkølet smør
- 4 spsk kølet grøntsagsforkortning
- 2 tsk salt opløst i ¾ kop koldt vand
- 1 eller mere TB koldt vand efter behov
- 2 spsk blødgjort smør (til låg)

RISENE
- 2 spsk hakket løg
- 2 spsk smør
- En tung 2-liters gryde
- 1½ kopper tør, rå, almindelig ris
- 3 kopper fisk eller kyllingebouillon
- Salt og peber

TOPPET LÆGGET (MOCK MØRDEJ, ELLER FLAGET DEJ)
- 2 spsk blødgjort smør

LAKSEN OG SVAMPE
- 2 kopper fint hakkede champignon, forinden sauteret i smør
- ½ kop finthakket skalotteløg eller spidskål
- 2 spsk smør
- ½ kop tør hvid vermouth
- ¼ kop cognac
- 2½ kopper skind- og benfri laks, dåse eller tidligere kogt
- ½ kop hakket frisk persille
- 1 tsk oregano eller estragon
- Salt og peber

FYLDNING OG PYNTERING AF KASSEN

- 2 kopper velsmagt flødesauce, inklusive laksesaft, hvis nogen
- Æggeglasur (1 æg pisket med 1 tsk vand)

INSTRUKTIONER:

a) Kom mel i en røreskål og arbejd det afkølede smør og afkortning i det med en konditorblender eller fingerspidserne, indtil blandingen ligner groft majsmel. Med de skålede fingre på den ene hånd blander du hurtigt vandet i, pres dejen sammen, tilsæt mere vand i dråber, hvis det er nødvendigt, for at lave en smidig, men ikke fugtig og klistret dej.

b) Saml den til en kugle, læg den på et bræt, og skub hurtigt to skefulde stykker af den ud og væk fra dig med hælen på din hånd i en 6-tommer smøre. Dette udgør den endelige blanding af fedt og mel. Tryk til en kugle, pak den ind i vokspapir, og stil den på køl i 2 timer eller indtil den er fast.

BUNDSAKEN

c) Forvarm ovnen til 425 grader.

d) Rul to tredjedele af dejen til et rektangel $\frac{1}{8}$ tommer tykt og stort nok til at passe på den udvendige bund af en brødform 13 til 14 tommer lang og 3 tommer bred. Smør uden på panden, vend det på hovedet, og sæt dejen over det, og lad dejen komme ned til en dybde på 2 tommer. Trim dejen jævnt rundt om og prik over det hele med tænderne fra en gaffel. Bag i 6 til 8 minutter i en forvarmet ovn, indtil dejen lige har sat sig og begynder at farve. Fjern og frigør formen på en rist.

e) Rul den resterende dej til et rektangel, fordel den nederste halvdel med 1 spsk blødgjort smør, og fold den øverste halvdel over for at dække med bunden. Gentag med endnu en spiseskefuld smør. Pak ind i vokspapir og afkøl.

f) Svits løgene i smør i gryden i 5 minutter uden at lade dem brune. Rør risene i, kog langsomt i flere minutter, indtil kornene er mælkeagtige, og rør derefter bouillonen i. Bring i kog, omrør en gang, dæk derefter panden og kog ved en moderat hurtig simring uden omrøring i ca. 18 minutter, indtil risen har absorberet væske. Puff let med en gaffel og smag til med salt og peber. (Kan gøres på forhånd.)

g) Kog skalotteløg eller spidskål langsomt i smørret i 2 minutter; Rør svampe, vermouth og cognac i, og kog i flere minutter for at fordampe alkohol. Rør derefter laks, persille og estragon i, og opvarm i flere minutter for at blande smag. Smag til med salt og peber. (Kan gøres på forhånd.)

h) Forvarm ovnen til 425 grader.

i) Læg kageformen på en let smurt bageplade. Læg et lag ris i bunden af sagen, dæk med et lag svampe og laks, derefter med et lag sauce. Gentag med lag af ris, laks og sauce, og sæt dit fyld i en kuppel, hvis det flyder over kabinettet.

j) Rul dejen, der er reserveret til dit topdæksel, til et rektangel, der er $1\frac{1}{2}$ tommer længere og bredere på hver side end din kageform. Mal siderne af æsken med sammenpisket æg, læg dejlåget på og tryk tæt mod æsken for at forsegle den. Rul rester af dej ud; skåret i flotte former. Mal dæksel med ægglasur, sæt dekorationer på, og mal med æg.

k) Træk tænderne på en gaffel over ægglasuren for at lave krydsskraveringsmærker. Prik 2 en ottendedels tomme huller i dejdækslet og indsæt papir- eller folietragte;

disse vil tillade damp at undslippe. (Hvis du ønsker at fylde og dekorere æsken i forvejen, skal du udelade ægglasur og kun bruge den til at påsætte dekorationer. Stil på køl indtil bagetid, og glasér derefter med æg.)
l) Bages i midterste niveau af forvarmet ovn i 45 til 60 minutter (længere, hvis sagen har været afkølet), indtil wienerbrød er pænt brunet, og du kan høre boblende lyde komme op gennem tragte.

BETJENER

m) Du vil sikkert have en sovs med denne; den skal fugtes lidt, mens du spiser den - smeltet smør, citronsmør, let flødesauce med citronsmag, mock hollandaise. Smørrede ærter passer fint til det, eller en grøn eller blandet grøntsagssalat.
n) Server en hvid Bourgogne- eller Traminer-vin.

47. Veau Sylvie

INGREDIENSER:
SKALVNING OG MARINERING AF KALVET
- En 3½-punds udbenet kalvesteg

MARINADE INGREDIENSER
- ⅓ kop cognac
- ⅓ kop tør Sercial Madeira
- ½ kop hver af snittede gulerødder og løg
- En stor urtebuket: 4 persillekviste, 1 laurbærblad, ½ tsk timian og 4 peberkorn bundet i vasket ostelklæde

FYLDNING AF KALVØDET
- 6 eller flere skiver kogt skinke 1/16 tomme tykke
- 12 eller flere skiver schweizerost 1/16 tomme tykke
- Hvis du kan finde det eller bestille det: Et stykke caulfedt (svinekalk)
- Tung hvid snor

BRUNNING AF STEGEN
- 3 spsk smør
- 1 spsk madolie
- En overdækket gryde eller steger, der er stor nok til at rumme kødet

KALVSTEGNING
- ½ tsk salt
- ⅛ tsk peber
- 2 strimler fed bacon simret i 10 minutter i 1 liter vand, skyllet og tørret (eller en strimmel saft)
- Et stykke alufolie

SAUCE OG SERVERING
- Et varmt serveringsfad
- 1 dl oksefond eller bouillon
- 1 spsk majsstivelse blandet i en lille skål med 2 spsk Madeira eller bouillon
- 2 spsk blødgjort smør

INSTRUKTIONER:

a) Lav en række dybe, parallelle snit i stegen med en afstand på ca. af stegen. Du vil altså have 3 eller 4 tykke skiver kød, som er frie i toppen og siderne, men som alle er sat sammen i bunden.

b) Hvis dit kød indeholder mange muskeladskillelser, vil det se meget rodet ud, men vil blive bundet i form igen senere. Hvis du ønsker at marinere kødet, blandes marinadeingredienserne i en stor skål, tilsæt kødet og drys med væsken. Vend og dryp hver time eller deromkring i mindst 6 timer eller natten over i køleskabet. Dræn kødet, og tør det grundigt, inden du går videre til næste trin.

c) Placer stegen, så dens bund hviler på dit skærebræt. Dæk hvert kødblad helt med et lag skinke mellem to lag ost, og luk derefter kødbladene sammen for at reformere stegen. (Hvis du har caulfedt, så pak stegen ind i den; den holder farsen på plads og smelter under tilberedningen.) Bind løkker af snor rundt om kødet for at holde det i form. Tør stegen igen i køkkenrulle, så den bliver flot brun.

d) Forvarm ovnen til 450 grader.

e) Si marinaden for at adskille grøntsager fra væske (eller brug friske grøntsager). Varm smør og olie op i stegen og kog marinadegrøntsagerne langsomt i 5 minutter. Skub dem til siderne af gryden, hæv varmen til moderat høj, kom kalvekødet i med den uskårne side nedad, og lad bunden brune i 5 minutter. Drys med fedtet i gryden, og placer derefter gryden uden låg i den øverste tredjedel af den forvarmede ovn for at brune toppen og siderne af kødet i ca. 15 minutter. Drys hvert 4. eller 5. minut med smør i en gryde. (Hvis du har brugt caulfedt, kan du blot brune stegen i en bradepande, hvis du ønsker det, så fortsæt til næste trin og undlad den blancherede bacon.)

f) Skru ovnen ned til 325 grader. Hæld marinadevæsken i, hvis du har brugt den, og krydr kødet med salt og peber. Læg bacon eller suet over kødet og folien. Dæk gryden til, og sæt den i den nederste tredjedel af ovnen. Reguler varmen, så kødet koger langsomt og støt i cirka $1\frac{1}{2}$ time. Kødet er færdigt, når saften, hvis den prikkes dybt med en gaffel, er klar gul.

g) Fjern kødet på serveringsfadet, kassér trusingsstrenge og bacon eller suet.

h) Skum fedt af saft i gryderet, hæld bouillon eller bouillon i, og lad det simre uden at skumme fedtet af i et minut eller to. Hæv varmen og kog hurtigt, smag til, indtil smagen er koncentreret. Fjern fra varmen, pisk majsstivelsesblandingen i, kog derefter under omrøring i 2 minutter. Korriger omhyggeligt krydring.

i) Fjern fra varmen og rør i berigelsessmør, indtil det er absorberet. Si over i en varm sovsskål og hæld lidt over kødet.

48. Filets De Sole Sylvestre

INGREDIENSER:
BRUNOSEN AF AROMATISKE GRØNTSAGER
- Følgende skåret i 1/16-tommers terninger, hvilket giver $1\frac{3}{4}$ kopper i alt: 2 mellemstore løg, 2 mellemstore gulerødder, 1 mellemstore selleristængler, 8 persillestængler
- En lille, tung dækket gryde
- 2 spsk smør
- $\frac{1}{2}$ laurbærblad
- $\frac{1}{4}$ tsk estragon
- $\frac{1}{8}$ tsk salt
- Knip peber
- $\frac{1}{4}$ lb. friske svampe skåret i 1/16-tommers terninger

TILBEREDNING AF FISKEN
- 8 fileter af tunge, skrubber eller hvilling, der måler 9 gange 2 tommer (2 pr. person)
- 1 kop tør hvid fransk vermouth
- Salt og peber
- Et 10- til 12-tommers bagefad, $1\frac{1}{2}$ til 2 tommer dybt, smurt
- $\frac{1}{4}$ til $\frac{1}{2}$ kop koldt vand

SAUCE OG SERVERING
2 gryder i rustfrit stål eller emaljeret
1 spsk smør
1 spsk mel
1 spsk tomatpuré eller pasta
4 eller flere spsk blødgjort smør

INSTRUKTIONER:
a) Efter at have skåret den første gruppe grøntsager i de finest mulige terninger, kog dem ved lav varme med smør, krydderurter og krydderier i cirka 20 minutter. De

skal være helt møre og den lyseste gyldne farve. Tilsæt derefter svampene og kog langsomt i 10 minutter mere.
b) Forvarm ovnen til 350 grader.
c) Skær fisken let på den side, der var ved siden af skindet; dette er den temmelig mælkeagtige side, og ved at trække en kniv over den skærer overfladen membranen over og forhindrer dermed fileten i at krølle, mens den tilberedes. Salt og peber fileterne let, læg en skefuld kogte grøntsager over halvdelen af den skårede side og fold i to, kileformet. Læg fisken i ét lag i bageformen.
d) Hæld vermouth på, og tilsæt nok koldt vand til næsten at dække fisken. (Hvis du tilfældigvis har fiskerammen [knoglestruktur], læg den over fisken.)
e) Dæk med vokspapir. Hvis din bageplade er flammesikker, så lad den koge op på toppen af komfuret og sæt den derefter i den nederste tredjedel af den forvarmede ovn i ca. 8 minutter. Sæt ellers fadet direkte i ovnen i cirka 12 minutter. Fisken er færdig, når en gaffel let gennemborer kødet, og kødet næsten ikke flager. Må ikke overkoges. Hold varmen i slukket ovn, med lågen på klem, mens du laver sauce.
f) Dræn al kogevæsken i en af gryderne og kog hurtigt ned, indtil væsken er reduceret til omkring ⅔ kop. Smelt smør i den anden gryde, bland mel i og kog langsomt uden at farve i 2 minutter. Fjern fra varmen og pisk kraftigt den reducerede kogevæske i, derefter tomataromaen.
g) Lige før servering tages det af varmen og det blødgjorte smør piskes i, ½ spsk ad gangen. (Sauce kan ikke genopvarmes, når først smør er gået i.)
h) Dræn fisken igen, tilsæt væske til saucen. Hæld sauce over fisken og server med det samme.

49. Riz Etuvé au Beurre

INGREDIENSER:

- 1½ kop rene, uvaskede, rå ris
- En stor kedel, der indeholder 7 til 8 liter hurtigt kogende vand
- 1½ tsk salt pr. liter vand
- 2 til 3 spsk smør
- Salt og peber
- En tung 3-liters gryde eller gryde
- En omgang smørsmurt vokspapir

INSTRUKTIONER:

a) Drys gradvist risene i det kogende saltede vand, og tilsæt langsomt nok, så vandet ikke falder under kogepunktet. Rør op en gang for at være sikker på, at ingen af kornene klæber til bunden af kedlen.

b) Kog utildækket og moderat hurtigt i 10 til 12 minutter. Begynd at teste efter 10 minutter ved at bide på hinanden følgende riskorn. Når et korn er lige mørt nok til ikke at have nogen hårdhed i midten, men endnu ikke er helt kogt, drænes risene i et dørslag. Fnug det op under varmt rindende vand i et minut eller to for at vaske eventuelle spor af rismel af. (Det er dette, plus overkogning, der gør ris klistret.)

c) Smelt smørret i gryden eller gryden og rør salt og peber i. Så snart ris er blevet vasket, vendes det i gryden, luftes med en gaffel for at blandes med smør og krydderier.

d) Dæk med smurt vokspapir, og læg derefter låget på. Damp over kogende vand eller, stadig i vand, i en 325-graders ovn i 20 til 30 minutter, indtil kornene er svulmet op og risene er møre. Hvis det ikke skal serveres med det samme, tages det af varmen og stilles til side kun dækket af vokspapir.

e) For at genopvarme skal du dække og sætte det over kogende vand i 10 minutter eller deromkring. Fnug mere salt og peber i efter smag lige før servering.

50. Risotto a La Piémontaise

INGREDIENSER:

2 spsk smør
En tykbundet 2 liter gryde
1¼ kop uvaskede rå hvide ris
¼ kop tør hvid vermouth
2½ dl hønsefond eller bouillon
Salt og peber

INSTRUKTIONER:

Smelt smørret ved moderat varme. Tilsæt risene og rør langsomt med en trægaffel, indtil kornene bliver gennemsigtige, og derefter gradvist mælkehvide - cirka 2 minutter.

Tilsæt vermouth og lad det absorbere, og rør derefter en tredjedel af hønsefonden eller bouillonen i. Sænk varmen og lad ris koge ved det laveste kog i 3 til 4 minutter under omrøring af og til. (Start på kalvekødet på dette tidspunkt, og fortsæt de to operationer samtidigt.)

Når væsken er absorberet, rør halvdelen af den resterende bouillon i og fortsæt med at koge langsomt, rør af og til med din trægaffel, og når væsken igen er absorberet, tilsættes det sidste af bouillonen.

Når dette endelig er absorberet, smages risene til. Hvis det ikke er så mørt, som du ønsker, tilsæt lidt mere bouillon eller vand og dæk gryden i et par minutter.

Ris bør tage 15 til 18 minutter samlet kogetid. Smag til med salt og peber. (Hvis det er gjort i forvejen, dæk til og opvarm over varmt vand.)

51. Sauté De Veau (Ou De Porc) Aux Champignons

INGREDIENSER:

- 1½ til 2 lbs. kalve- eller svinemørbrad skåret i 3/4-tommers skiver
- En tung 10-tommer stegepande
- 2 spsk smør
- 1 spsk madolie
- En 8- til 10-ounce dåse med svampestængler og -stykker
- ½ tsk estragon, timian eller blandede krydderurter
- ¼ tsk salt; knivspids peber
- Valgfrit: lille fed moset hvidløg
- 2 eller 3 spsk finthakket spidskål
- ¼ kop Sercial Madeira eller tør hvid fransk vermouth

INSTRUKTIONER:

Tør kalve- eller svinekødet på køkkenrulle. Varm olie og smør i gryden. Når smørskummet næsten er faldet af, tilsæt kødet og sauter ved høj varme, mens der røres jævnligt, indtil det er let brunet på alle sider. Skru ned for varmen og fortsæt med at koge, vend af og til, indtil kødet er stivnet, når du trykker på det med fingeren. (Samlet tilberedningstid er 7 til 10 minutter; i denne periode vil du have tid til at tænke på risene, hakke spidskål og persille og samle suppen.)

Dræn svampene og tilsæt kødet. Drys krydderurterne på, salt og peber; tilsæt de valgfrie hvidløg og spidskål; vend et øjeblik, og hæld derefter svampesaften og vinen i. Kog ned for at reducere til det halve. Stil til side, hvis du ikke er klar til at servere, og opvarm efter behov.

52. Bouillabaisse a La Marseillaise / Middelhavsfiskesaft

INGREDIENSER:
SUPPEBASEN
- 1 kop hakkede gule løg
- $\frac{3}{4}$ til 1 kop skåret porrer, kun hvid del; eller $\frac{1}{2}$ kop mere løg
- $\frac{1}{2}$ kop olivenolie
- En tung 8-liters kedel eller gryde
- 2 til 3 kopper hakkede friske tomater eller $1\frac{1}{4}$ kopper drænede dåsetomater eller $\frac{1}{4}$ kop tomatpasta
- 4 fed mosede hvidløg
- $2\frac{1}{2}$ liter vand
- 6 persillekviste
- 1 laurbærblad
- $\frac{1}{2}$ tsk timian eller basilikum
- $\frac{1}{8}$ tsk fennikel
- 2 store knivspidser safran
- Et 2-tommers stykke eller $\frac{1}{2}$ tsk tørret appelsinskal
- $\frac{1}{8}$ tsk peber
- 1 spsk salt (ingen, hvis du bruger muslingejuice)
- 3 til 4 lbs. fiskehoveder, -ben og afpuds, herunder skaldyrsrester; eller 1 liter muslingejuice og $1\frac{1}{2}$ liter vand og uden salt

TILBEREDNING AF BOUILLABAISSE
- Suppebunden
- 6 til 8 lbs. diverse magre fisk og skaldyr, hvis du ønsker det, udvalgt og tilberedt efter anvisningerne i begyndelsen af opskriften

BETJENER
- En varmeplade
- En suppeterrin eller suppegryde
- Runder af ristet franskbrød
- ⅓ kop groft hakket frisk persille

INSTRUKTIONER:

a) Kog løg og porrer langsomt i olivenolien i 5 minutter uden at brune. Rør tomater og hvidløg i, og steg 5 minutter mere.

b) Tilsæt vand, krydderurter, krydderier og fiske- eller muslingejuice til elkedlen. Bring i kog, skum og kog uden låg ved langsomt kog i 30 til 40 minutter. Si, korrekt krydring. Stil til side, uden låg, indtil den er afkølet, hvis du ikke er færdig med bouillabaissen med det samme, og stil den derefter på køl.

c) Bring suppebunden hurtigt i kog i elkedlen cirka 20 minutter før servering. Tilføj hummere, krabber og fastkødet fisk. Bring hurtigt tilbage til kog og kog hurtigt uden låg i 5 minutter. Tilsæt derefter den mørt kødede fisk og muslinger, muslinger og kammuslinger. Bring det i kog igen i 5 minutter. Må ikke overkoges.

d) Løft straks fisken ud og anret den på fadet. Smag forsigtigt til suppen til krydderier, læg 6 til 8 skiver brød i terrinen, og hæld suppen i. Hæld en skefuld suppe over fisken, og drys persille over både fisk og suppe. Server straks.

e) Ved bordet får hver gæst serveret eller forsyner sig med både fisk og suppe, og lægger dem i en stor suppetallerken. Spis bouillabaisse med en stor suppeske og gaffel, hjulpet sammen med yderligere stykker franskbrød. Hvis du ønsker at servere vin, kan du vælge mellem rosé, en stærk tør hvidvin som Côtes du Rhône eller Riesling, eller en lys, ung rød som Beaujolais eller indenlandsk Mountain Red.

53. Salpicón De Volaille

INGREDIENSER:

- 3 spsk smør
- En stor stegepande eller gryde
- 3 til 4 spsk hakket skalotteløg eller spidskål
- 3 til 4 kopper kylling eller kalkunkød skåret i $\frac{3}{8}$-tommers terninger
- Ca. 2 kopper kogt skinke eller tunge i tern
- Salt og peber
- $\frac{1}{2}$ tsk estragon eller oregano
- $\frac{1}{2}$ kop tør hvid vermouth
- Valgfrie tilføjelser: en kop eller deromkring kogte svampe, agurker, grøn peber, ærter, asparges eller broccoli; 1 eller 2 hårdkogte æg i tern
- 2 til 3 kopper tyk veloutésauce (se note nedenfor)

INSTRUKTIONER:

Smelt smørret i gryden eller stegepanden, rør skalotteløg eller spidskål i, og kog langsomt i 1 minut. Rør kyllingen eller kalkunen, skinken eller tungen i, smag til med salt, peber og krydderurter. Hæv varmen og vend sammen i 2 minutter, for at varme kødet med krydderierne. Hæld vinen i; koges hurtigt ned, indtil væsken næsten er fordampet. Fold i valgfrie tilføjelser, og nok velouté sauce til at dække alle ingredienser. Smag omhyggeligt til til krydring. Hvis den ikke skal bruges med det samme, film top med fløde eller smeltet smør, og genopvarm efter behov.

54. Poulet Grillé Au Naturel / Almindelig stegt kylling

INGREDIENSER:

En 2½-lb. stege kylling
2 spsk smør
1 spsk madolie
En overfladisk bradepande eller bradepande
Salt
2 spsk hakket skalotteløg eller spidskål
½ kop okse- eller kyllingebouillon

INSTRUKTIONER:

Tør kyllingen grundigt med køkkenrulle. Smelt smørret med madolie, pensl kyllingen over det hele, og læg skindsiden nedad i bradepanden eller bageformen. Placer kyllingen, så overfladen af kødet er 5 til 6 inches fra det varme slagtekyllingelement; kylling skal koge langsomt og ikke begynde at brune i 5 minutter. Efter 5 minutter pensles kyllingen med smør og olie; det skulle lige begynde at brune. Reguler varmen i overensstemmelse hermed. Drys igen med smør og olie i 5 minutter, og efter 15 minutter, giv en sidste drysning, drys med salt og vend kyllingens skind opad. Fortsæt med at stege, dryp hvert femte minut (brug fedt og saft i gryden) i yderligere 15 minutter, eller indtil underlårene er møre, når de presses, og saften bliver klar gul, når den kødfulde del af mørkt kød prikkes dybt.

Fjern kyllingen på et varmt fad, skum alt undtagen 2 spiseskefulde drypfedt op af panden, og rør skalotteløg eller spidskål i. Kog på komfuret under omrøring et øjeblik, og tilsæt derefter bouillon. Kog hurtigt, og skrab koaguleret madlavningssaft i bouillon, indtil væsken er reduceret til en sirupsagtig konsistens. Hæld kyllingen over og server. (For at servere skal du skære i to på langs gennem brystbenet, derefter løfte hver bendel og trække den fri fra brystet.)

55. Poulet Grillé a La Diable

INGREDIENSER:

En 2½-lb. stege kylling
2 spsk smør
1 spsk madolie
3 tb Dijon-type (stærk) tilberedt sennep
1½ spsk hakket skalotteløg eller spidskål
¼ tsk timian, basilikum eller estragon
3 dråber Tabasco sauce
1 kop friske hvide brødkrummer (fra hjemmelavet brød)

INSTRUKTIONER:

Steg kyllingen som beskrevet i den foregående opskrift, men steg den kun i 10 minutter på hver side. Pisk sennep, skalotteløg eller spidskål, krydderurter og tabasco i en lille skål; derefter, dråbe for dråbe, pisk halvdelen af dryssefedtet og saften fra bradepanden i for at lave en mayonnaise-lignende sauce. Gem resten af fedtet og saften til senere.

Fordel undersiden (ikke skindsiden) af kyllingen med halvdelen af sennepsblandingen, og dæk med et lag brødkrummer. Læg kyllingen med skindsiden nedad på en rist i en bradepande og dryp med halvdelen af den reserverede stegesaft. Sæt kyllingen tilbage i den varme slagtekylling i 5 til 6 minutter, indtil krummerne er brunet pænt. Vend kyllingen med skindsiden opad, fordel med den resterende sennep, dæk med krummer og drys med den sidste stegesaft. Vend tilbage til slagtekyllinger i 5 til 6 minutter mere, eller indtil kyllingen er færdig.

56. Pois Frais En Braisage / Ærter braiseret med salat

INGREDIENSER:

2 lbs. friske ærter (ca. 3 kopper, afskallede)
1 mellemstor Boston salat, vasket og strimlet
½ tsk salt
1 til 2 spsk sukker (afhængig af sødme af ærter)
4 spsk hakket spidskål
4 spsk blødgjort smør
En tykbundet grydeske

INSTRUKTIONER:

Læg ærter og resten af ingredienserne i en gryde og pres dem alle groft sammen med hænderne, så ærterne knuses lidt. Tilsæt koldt vand, så ærterne næsten ikke er dækket. Sæt over moderat høj varme, dæk panden tæt, og kog i 20 til 30 minutter; efter cirka 20 minutter, test ærter for ømhed ved at spise en. Fortsæt med at koge, indtil ærterne er møre, og væsken er fordampet; tilsæt 2 til 3 spiseskefulde vand, hvis det er nødvendigt. Korriger krydring og server. (Hvis det ikke serveres med det samme, sættes det til side uden låg. Genopvarm med 2 spsk vand, læg låg på, og kog et øjeblik eller to, vend ofte, indtil ærterne er varme igennem.)

57. Potage Crème De Cresson / Cream of Watercress Suppe

INGREDIENSER:
TILBEREDNING AF BRANDKASSE
- ½ kop hakket løg
- 3 spsk smør
- En 3-liters dækket gryde
- 3 til 4 pakkede kopper friske brøndkarseblade og møre stilke, vasket og tørret i et håndklæde
- ½ tsk salt

Simrende
- 3 spsk mel
- 5½ dl kogende hønsefond

ENDELIG BERIGELSE
- 2 æggeblommer blandet i en røreskål med ½ kop tung fløde
- 1 til 2 spsk blødgjort smør

INSTRUKTIONER:
a) Kog løgene langsomt i smørret i gryden i cirka 10 minutter. Når det er mørt og gennemsigtigt, røres brøndkarse og salt i, dækkes til og koges langsomt i 5 minutter, eller indtil det er helt visnet.

b) Drys melet i brøndkarseblandingen og rør ved moderat varme i 3 minutter. Fjern fra varmen, bland den varme bouillon i og lad det simre i 5 minutter. Purér gennem en madmølle, kom tilbage i gryden, og tilpas krydderierne. Stil til side til kort før servering, og opvarm igen til kogepunktet.

c) Pisk en kop varm suppe med dryp i blommer og fløde, pisk gradvist resten af suppen i en tynd stråle. Kom suppen tilbage i gryden og rør ved moderat varme i et øjeblik eller to for at pochere æggeblommerne, men lad det simre. Fjern fra varmen og rør berigelsessmørret i en spiseskefuld ad gangen.

d) For at servere kold skal du udelade den endelige smørberigelse og afkøle. Hvis den er for tyk, rør mere fløde i inden servering.

58. Navarin Printanier / Lammegryderet med gulerødder

INGREDIENSER:
- Bryst, for fedt og tekstur
- Skulder, til magre, solide stykker
- Short Ribs, for tekstur og smag
- Hals, for tekstur og sauce konsistens

BRUNNING AF LAMMET
- 3 lbs. Lammegryderet kød
- 3 til 4 TB madolie
- En 10- til 12-tommer stegepande
- En 5 til 6 liter flammesikker gryde eller hollandsk ovn
- 1 spsk granuleret sukker
- 1 tsk salt
- $\frac{1}{4}$ tsk peber
- 3 spsk mel

BRYMNING
- 2 til 3 kopper brunt lamme- eller oksefond eller oksebouillon på dåse
- 3 mellemstore tomater, skrællede, frøet, juicede og hakkede; eller 3 spsk tomatpure
- 2 fed mosede hvidløg
- $\frac{1}{4}$ tsk timian eller rosmarin
- 1 laurbærblad

TILFØJELSE AF RODGRØNTSAGERNE
- 6 til 12 "kogende" kartofler
- 6 majroer
- 6 gulerødder
- 12 til 18 små hvide løg omkring 1 tomme i diameter

TILFØJELSE AF DE GRØNNE GRØNTSAGER
- 1 kop afskallede grønne ærter (ca. $\frac{2}{3}$ lb. uden skal)
- 1 kop grønne bønner (ca. $\frac{1}{4}$ lb.) skåret i $\frac{1}{2}$-tommers stykker
- 3 til 4 liter kogende vand

- 1½ til 2 spsk salt

INSTRUKTIONER:

a) Få alt overskydende fedt fjernet, og den faldende eller dækkende hinde. Skær kødet i 2-tommers terninger, der vejer 2 til 2½ ounce. Eventuelle ben tilbage i kødet vil give ekstra smag til saucen; de fleste af dem kan fjernes inden servering.

b) Tør lammestykkerne grundigt i køkkenrulle. Varm olie op i en stegepande, indtil det næsten ryger, og brun lammet på alle sider, et par stykker ad gangen. Overfør lammet, efterhånden som det er brunet, til gryden eller hollandsk ovn.

c) Drys sukkeret på og smid lammet over moderat høj varme i 3 til 4 minutter, indtil sukkeret er brunet og karamelliseret - det giver en fin ravfarvet farve til saucen. Vend derefter kødet med krydderierne og melet og kog over moderat varme i 2 til 3 minutter, vend rundt for at brune melet.

d) Forvarm ovnen til 350 grader.

e) Hæld fedtet ud af stegepanden, hæld 2 kopper bouillon eller bouillon i, og kog op, og skrab koaguleret bruningssaft op. Hæld i gryden over lam og lad det simre, ryst gryden for at blande. Tilsæt derefter tomater eller tomatpure, hvidløg, krydderurter og nok ekstra bouillon eller bouillon til næsten at dække lammet.

f) Bring til kogepunktet, dæk gryden, og lad det simre langsomt oven på komfuret eller i en forvarmet ovn i 1 time. Hæld derefter indholdet af gryden i et dørslag sat over en pande.

g) Skyl gryden ud. Fjern eventuelle løse ben og læg lammet tilbage i gryden. Skum fedtet af saucen på panden, tilpas krydderierne, og hæld saucen tilbage over kødet.

h) Skræl kartoflerne og skær dem til ovale ca. 1½ inches lange; placeres i koldt vand. Skræl og kvarte gulerødder og majroer; skæres i 1½-tommer længder. Pil løgene og prik et kryds i rodenderne, så de koger jævnt. Når lammet er færdigt, trykkes grøntsager ned i gryden rundt om og mellem kødstykkerne og drysses med saucen.

i) Lad det simre, læg låg på og kog i cirka en time længere, eller indtil kød og grøntsager er møre, når de gennembores med en gaffel. Skum fedtet af, korrekt krydderier og tilsæt grønne grøntsager, som er tilberedt som følger:

j) Kom ærter og bønner i det kogende saltede vand og kog hurtigt uden låg i cirka 5 minutter, eller indtil grøntsagerne er næsten møre. Dræn straks i et dørslag, og kør derefter koldt vand over i 3 minutter for at stoppe kogningen og sætte farve. Stil til side indtil den skal bruges. (Gryderetter kan tilberedes i forvejen til dette punkt. Læg kødet til side, dæk det skævt. Bring det til at simre oven på komfuret, før du fortsætter med opskriften.)

BETJENER

k) Kort før servering lægges ærter og bønner i gryden oven på de øvrige ingredienser og drysses med den boblende sauce.

l) Læg låg på og lad det simre i cirka 5 minutter, indtil de grønne grøntsager er møre. Server gryderet fra dens gryde, eller anret det på et varmt fad.

m) Ledsager med varmt franskbrød og en rød Beaujolais-, Bordeaux- eller Mountain Red-vin eller en afkølet rosé.

59. Oie Braisée Aux Pruneaux / Braiseret gås med sveskefyld

INGREDIENSER:
SVESKER OG LEVERFLYTNING
- 40 til 50 store svesker
- Gåseleveren, hakket
- 2 spsk finthakket skalotteløg eller spidskål
- 1 spsk smør
- ⅓ kop portvin
- ½ kop (4 ounce) foie gras eller dåse leverpostej
- Knib hver af allehånde og timian
- Salt og peber
- 3 til 4 spsk tørre hvide brødkrummer

FORBEREDELSE OG BRUNNING AF GÅSEN
- En 9-lb. tilberedningsklar gås
- 1 spsk salt
- En bradepande

AMMELSE AF GÅSEN
- Estimeret tilberedningstid: 2 timer og 20 til 30 minutter.
- Gåsehalsen, vingeenderne, kråsen og hjertet
- ½ kop hver af snittede gulerødder og løg
- 2 spsk gåsefedt
- En overdækket stegeovn lige stor nok til at rumme gåsen
- ½ kop mel
- 2 kopper rødvin (såsom Beaujolais, Médoc eller California Mountain Red)
- Salt
- 1 spsk salvie
- 2 fed hvidløg
- 4 til 6 kopper oksefond eller bouillon

INSTRUKTIONER:

a) Kom svesker i kogende vand og læg dem i blød i 5 minutter, eller indtil de er møre. Fjern gruber så pænt som muligt. Sauter gåselever og skalotteløg eller spidskål i varmt smør i 2 minutter; skrab i en røreskål. Kog hurtigt portvin ned i en sauterpande, indtil den er reduceret til 1 spsk; skrab i røreskålen. Pisk foie gras eller leverpostej, allehånde og timian i, og smag til. Pisk eventuelt brødkrummer i skefulde, indtil blandingen er fast nok til fyld. Fold ½ tsk i hver sveske.
b) Klip ønskeben ud (for lettere udskæring), hug vinger af ved albuer, og træk løst fedt fra gåsen. Gnid hulrummet med salt, fyld løst med svesker og bindingsværk. Prik huden med ½ tomme intervaller omkring siderne af bryster, lår og ryg. Sæt gåsen i en stegepande og brun den under en moderat varm slagtekylling, vend ofte i ca. 15 minutter, og fjern ophobet fedt fra panden efter behov.
c) Forvarm ovnen til 350 grader.
d) Hak indmaden i 1-tommers stykker, tør og brun med grøntsagerne i varmt gåsefedt i stegeren ved moderat høj varme.
e) Sænk varmen, rør mel i og kog under omrøring i 3 minutter for at brune let. Fjern fra varmen; rør vinen i. Salt gåsen og læg den på siden i stegeren. Tilsæt salvie, hvidløg og nok oksefond eller bouillon til at komme halvvejs op af gåsen.
f) Kog op, læg låg på og sæt i den nederste tredjedel af den forvarmede ovn. Reguler varmen, så væsken simrer langsomt under tilberedningen; vend gåsen om på den anden side om 1 time, på ryggen efter 2 timer.

g) Gås er færdig, når trommestikker bevæger sig lidt i fatninger, og når den kødfuldeste del af en er gennemboret, bliver saften bleggul. Må ikke overkoges.

SAUCE OG SERVERING

h) Dræn gåsen og læg den på et varmt fad; klip og kassér trussstrenge. Skum så meget fedt som du kan af braising sauce; du får flere kopper, som du kan gemme til at sautere kartofler, kylling eller til at dryppe stege.

i) Hæld ca. 4 kopper sauce gennem en si i en gryde og skum fedtet af igen. Kog op, skum og tilpas krydderierne omhyggeligt. Hæld en smule sauce over gåsen og hæld resten i en varm sovseskål.

j) Server med braiserede løg og kastanjer, eller rosenkål og kartoffelmos; Rød Bourgogne vin.

60. Rognons De Veau En Casserole / Nyrer i smør

INGREDIENSER:
- 4 spsk smør
- En tung sauterpande lige stor nok til at holde nyrerne behageligt i ét lag
- 3 til 4 kalve nyrer eller 8 til 12 lamme nyrer
- 1 spsk hakket skalotteløg eller spidskål
- ½ kop tør hvid vermouth
- 1 spsk citronsaft
- 1½ spsk tilberedt sennep af Dijon-typen moset med 3 spsk blødgjort smør
- Salt og peber

INSTRUKTIONER:
Varm smørret op, og når skummet begynder at aftage, rul nyrerne i smørret, kog derefter uden låg, vend hvert minut eller andet. Reguler varmen, så smør er varmt, men ikke bruner. Lidt saft vil stråle fra nyrerne. Nyrerne skal stivne, men ikke blive hårde; de skal brune en lille smule, og skal være lyserøde i midten, når de skæres i skiver. Timing: ca. 10 minutter for kalvekødsnyrer; 5, til lammenyrer. Fjern nyrerne til en tallerken.

Rør skalotteløg eller løg i smørret i gryden og steg i 1 minut. Tilsæt vermouth og citronsaft. Kog hurtigt, indtil væsken er reduceret til omkring 4 spsk. Fjern fra varmen og rør sennepssmørret i og et drys salt og peber. Skær nyrerne i tværgående skiver ⅛ tomme tykke. Drys med salt og peber og vend dem og deres saft i gryden.

Lige før servering, ryst og vend over moderat varme i et minut eller to for at varme igennem uden at koge.

Server på meget varme tallerkener. Hvis den bruges som hovedret frem for en varm hors d'oeuvre, ledsages den med kartofler sauteret i smør, braiserede løg og en rød Bourgognevin.

61. Rognons de Veau Flambés / Sauterede nyrer Flambé

INGREDIENSER:

- En tung sauterpande, der er stor nok til at rumme nyrerne
- 3 til 4 kalve nyrer eller 8 til 12 lamme nyrer
- 4 spsk smør
- ⅓ kop cognac
- ½ kop oksebouillon blandet med 1 tsk majsstivelse
- ⅓ kop Sercial Madeira eller portvin
- ½ lb. champignon i skiver, tidligere sauteret i smør med 1 spsk hakket spidskål eller skalotteløg
- 1 kop tung fløde
- Salt og peber
- ½ tb tilberedt sennep af Dijon-typen blandet med 2 tb blødgjort smør og ½ tsk Worcestershire sauce

INSTRUKTIONER:

Sauter hele nyrerne i smør, som i den foregående opskrift. Hvis du er ved at gøre dem færdige ved bordet, så tag de sauterede nyrer med i gnavskålen.

Hæld cognacen over nyrerne. Opvarm til boblende, afværge dit ansigt, og antænd væske med en tændt tændstik. Ryst panden og dryp nyrerne med flammende væske, indtil ilden forsvinder. Fjern nyrerne til en tallerken eller skærebræt.

Hæld oksebouillon og vin i gryden; kog i et par minutter indtil reduceret og tyknet. Tilsæt svampe og fløde og kog et par minutter mere; sauce skal være tyk nok til at dække en ske let. Smag forsigtigt til med salt og peber. Fjern fra varmen og rør i sennepsblandingen.

Skær nyrerne i tværgående skiver ⅛ tomme tykke og krydr let med salt og peber. Kom nyrer og juice tilbage i gryden. Ryst og vend over varme for at varme nyrerne igennem uden at koge. Server på meget varme tallerkener.

62. Carbonnade De Boeuf a La Provençale

INGREDIENSER:
- 3 lbs. chuck bøf skåret i skiver ca. 3½ gange 2 gange ⅜ tommer

MARINADEN
- ¼ kop vineddike
- 1 spsk olivenolie
- 2 store fed hvidløg, pillede og hakkede
- ⅛ tsk peber
- 2 tsk salt
- ¾ tsk krydret
- ¾ tsk timian

LØGENE
- Valgfrit, men traditionelt: 4 ounce (ca. ⅔ kop) frisk sidesvinekød eller fedt-og-magre skiver fra en frisk svinekød
- En tung stegepande
- 1 til 3 spsk olivenolie
- 5 til 6 kopper snittede løg

BAGNING
- En 6 liter flammesikker gryde
- 7 til 8 kopper skåret universalkartofler
- Salt og peber
- Oksekødsbouillon
- ¼ kop parmesanost (til sidste trin)

INSTRUKTIONER:
a) Bland marinaden i en glaseret skål, glas eller rustfri stålskål. Vend og dryp kødet med væsken, læg låg på og stil det på køl i 6 timer eller natten over, ved at dryppe og vende kødet flere gange.
b) Skær det valgfrie svinekød i 1-tommers stykker omkring ¼ tomme tykke. Sauter langsomt i en spiseskefuld olie

for at få fedtet og brunet meget let. (Hvis svinekød er udeladt, hæld 3 spsk olie i din gryde.) Rør løgene i, dæk tæt, og kog langsomt i cirka 20 minutter, mens du rører af og til, indtil løgene er møre og lige begynder at brune.

c) Forvarm ovnen til 350 grader.

d) Dræn kødet og smag til med salt og peber. Skift lag af løg og kød i en gryde. Hæld marinadeingredienserne i, og læg derefter lag kartoffelskiver ovenpå, og krydr hver med salt og peber. Hæld nok bouillon i til at dække kødet; bring det i kog oven på komfuret.

e) Dæk gryden til og sæt den i midterste niveau af forvarmet ovn i ca. 1 time, eller indtil kødet er næsten mørt, når det gennembores med en gaffel. Timing vil afhænge af kødets kvalitet; det koger cirka en halv time mere i det sidste trin.

f) Hæv ovnvarmen til 425 grader. Tip gryden og hæld ophobet fedt ud. Drys parmesanosten over kartoflerne og drys med en skefuld eller to af kogevæsken. (Hvis det er gjort før dette punkt, skal du stille det til side uden låg. Opvarm igen til at simre, før du fortsætter).

g) Placer utildækket gryderet i den øverste tredjedel af 425-graders ovn og bag i ca. 30 minutter for at brune toppen af kartoflerne og reducere og tykne kogevæsken. Server fra gryderet.

63. Daube De Boeuf a La Provençale

INGREDIENSER:
- 3 lbs. chuck bøf skåret i 2½-tommer firkanter 1 tomme tykke

MARINADEN
- 2 spsk olivenolie
- 1½ kopper tør hvid vermouth
- ¼ kop brandy eller gin
- 2 tsk salt
- ¼ tsk peber
- ½ tsk timian eller salvie
- 1 laurbærblad
- 2 fed pillede og hakket hvidløg
- 2 kopper tynde skiver gulerødder
- 2 kopper tynde skiver løg
- Mariner oksekødet som anvist i den foregående opskrift.

MONTERING
- En 6 liter flammesikker gryde
- Salt, peber, mel
- 1½ kopper faste, modne tomater, skrællede, frøet, juicede og hakkede
- 1½ kopper skåret friske svampe
- Valgfrit: ca. 8 skiver, ¼ tomme tykke, frisk sidesvinekød; eller fede og magre skiver fra en frisk svinekød
- Oksebouillon evt

INSTRUKTIONER:
a) Skrab marinaden af og krydr kødet let med salt og peber, rul derefter i mel og læg det til side på vokspapir. Dræn marinadevæske i en skål; smid tomater og svampe med marinade grøntsager.
b) Læg flere strimler af valgfrit svinekød i bunden af gryden og dæk med en tredjedel af de blandede

grøntsager. Skift derefter med lag af kød og grøntsager, og dæk det øverste lag af grøntsager med skiver af valgfrit svinekød. Hæld marinadevæsken i.

TILBEREDNING OG SERVERING

c) Dæk gryden til, sæt den over moderat varme og lad det simre i cirka 15 minutter. Hvis grøntsagerne ikke har smeltet nok væske til næsten at dække kødet, tilsæt lidt bouillon. Læg låg på og lad det simre i $1\frac{1}{2}$ til 2 timer, eller indtil kødet er mørt, når det gennembores med en gaffel.

d) Tip gryderet, skum fedtet ud, og smag til med krydderier. Hvis væsken ikke er reduceret og tyknet, drænes den ud i en gryde og tyknes med en spiseskefuld majsstivelse blandet med bouillon.

e) Kog i 2 minutter, og hæld derefter i gryden. (Hvis det ikke serveres med det samme, afkøl uden låg, dæk derefter til og stil det på køl. Lad det simre tildækket i 5 minutter før servering.)

ENDELIG PROVENÇAL FILLIP

f) For ekstra smag, hak eller purér 2 fed hvidløg og læg dem i en skål med 3 til 4 spsk drænede kapers. Slå eller mos til en pasta, og pisk derefter 3 spiseskefulde stærk Dijon-sennep i.

g) Pisk gradvist 3 spsk olivenolie i for at lave en tyk sauce; rør i $\frac{1}{4}$ kop hakket frisk basilikum eller persille. Rør i den færdige dej lige inden servering.

64. Potage Parmentier / Porre eller Løg og Kartoffelsuppe

INGREDIENSER:
FORELØB TILBEREDNING
- En 3- til 4-quart gryde eller trykkoger
- 3 til 4 kopper skrællede kartofler skåret i skiver eller i tern
- 3 kopper tynde skiver porrer eller gule løg
- 2 liter vand
- 1 spsk salt

ENDELIG BERIGELSE
- ⅓ kop tung fløde eller 2 til 3 tb blødgjort smør
- 2 til 3 spsk hakket persille eller purløg

INSTRUKTIONER:
a) Enten lad grøntsagerne, vandet og saltet simre sammen, delvist tildækket, i 40 til 50 minutter, indtil grøntsagerne er møre; eller kog under 15 pund tryk i 5 minutter, slip trykket, og lad det simre uden låg i 15 minutter for at udvikle smagen.

b) Mos grøntsagerne i suppen med en gaffel, eller før suppen gennem en madmølle. Korrekt krydring.

c) Stil til side uden låg indtil lige før servering, og opvarm derefter til kogepunktet.

d) Fjern fra varmen lige før servering, og rør fløde eller smør i i skefulde.

e) Hæld i en terrin eller suppekopper og pynt med krydderurter.

65. Velouté De Volaille a La Sénégalaise

INGREDIENSER:
- 4 spsk smør
- En tykbundet 3- til 4-quart gryde
- 1 TB karrypulver
- 4 til 8 spsk mel (afhængigt af din mængde kartofler)
- 5 til 6 kopper fjerkræfond

VALGFRI TILKOGTE INGREDIENSER
- Kartoffelmos, flødeløg, broccoli, agurker, gulerødder, ærter, aspargesspidser
- $\frac{1}{2}$ kop (mere eller mindre) tung fløde
- Cirka 1 kop kogt kalkunkød i tern eller tynde skiver
- 4 spsk friskhakket persille eller purløg eller 2 spsk hakket kørvel eller estragon

INSTRUKTIONER:
Smelt smørret i gryden. Rør karrypulveret i og kog langsomt i 1 minut. (Hvis du ikke har kogte løg, tilsæt $\frac{1}{2}$ kop råhakkede løg og steg i ca. 10 minutter uden at brune.) Rør melet i og steg langsomt i 2 minutter. Fjern fra varmen, lad afkøle et øjeblik, og pisk derefter kraftigt den varme fjerkræfond i med en trådpisk. Lad det simre under omrøring med en pisk i 1 minut. Hvis du bruger kogte løg, så hak dem og tilsæt til suppen; hvis du bruger kartoffelmos, så pisk dem i en spiseske ad gangen, indtil suppen er så tyk, som du ønsker den skal være. Rør fløde i med skefulde, lad det simre langsomt, og smag derefter til forsigtigt. Rør kalkunkødet, valgfrie grøntsager og krydderurter i, og lad det simre igen lige inden servering. (Hvis den ikke serveres med det samme, eller hvis den skal serveres kold, film toppen af suppen med bouillon eller fløde for at forhindre, at der dannes skind. Afkøl, hvis den skal serveres kold; du

kan ønske at røre mere fløde i og top hver skål med mere frisk urter.)

SALATER OG SIDER

66. Salat Mimosa / Salat med Vinaigrette, Siet Æg og Urter

INGREDIENSER:

- Et pillet hårdkogt æg i en sigte
- 2 til 3 spsk friske grønne urter eller persille
- Salt og peber
- En stor chef for Boston
- salat eller en blanding af grønt, adskilt, vasket og tørret
- En salatskål
- ⅓ til ½ kop vinaigrette

INSTRUKTIONER:

Skub ægget gennem sien med fingrene; bland med krydderurterne og salt og peber efter smag. Lige før servering, smid salatgrønt i din salatskål med dressingen, og drys æg-og-urteblandingen på.

67. Pommes De Terre a l'Huile / Fransk kartoffelsalat

INGREDIENSER:

8 til 10 medium "kogende" kartofler (ca. 2 lbs.)
En 3-quart røreskål
2 spsk tør hvidvin eller tør hvid vermouth
2 spsk kyllingebouillon
½ kop vinaigrette
2 spsk hakket skalotteløg eller spidskål
3 spsk hakket persille

INSTRUKTIONER:

Kog eller damp kartoflerne i deres jakke, indtil de lige er møre. Skræl og skær i skiver, mens de stadig er varme. Vend forsigtigt i røreskålen med vin og bouillon, og efter flere minutter, vend igen. Når væsken er blevet absorberet af kartoflerne, blandes med vinaigrette, skalotteløg eller spidskål og persille.

Denne salat er lækker serveret lun med varme pølser, eller du kan afkøle den og servere som den er eller med ½ kop mayonnaise foldet ind.

68. Salade Niçoise

INGREDIENSER:

3 kopper tidligere kogte grønne bønner i en skål
3 kvarte tomater i en skål
$\frac{3}{4}$ til 1 kop vinaigrette
1 hoved Boston salat, adskilt, vasket og tørret
En stor salatskål eller et lavvandet fad
3 kopper kold fransk kartoffelsalat (forudgående opskrift)
$\frac{1}{2}$ kop udstenede sorte oliven, helst den tørre middelhavstype
3 hårdkogte æg, kolde, pillede og i kvarte
12 dåse ansjosfileter, drænet, enten flade eller rullet med kapers
Omkring 1 kop (8 ounce) tun på dåse, drænet

INSTRUKTIONER:

Smid salatbladene i salatskålen med $\frac{1}{4}$ kop vinaigrette og læg blade omkring skålen.

Arranger kartofler i bunden af en skål, dekorer med bønner og tomater, bland dem med et design af tun, oliven, æg og ansjoser.

Hæld den resterende dressing over salaten, drys med krydderurter og server.

69. Gratin Dauphinois / Skumpet kartofler au Gratin

INGREDIENSER:
2 lbs. "kogende" kartofler, skrællede
1 kop mælk
En 6-kopps ildfast bageplade, 2 tommer dyb
1 lille fed moset hvidløg
1 tsk salt
$\frac{1}{8}$ tsk peber
3 til 4 spsk smør

INSTRUKTIONER:
Forvarm ovnen til 425 grader.
Skær kartoflerne $\frac{1}{8}$ tomme tykke og kom dem i en skål med koldt vand. Bring mælken i kog i en bradepande med hvidløg, salt og peber. Dræn kartoflerne, tilsæt kogende mælk og fordel smør over dem. Bages midt i den forvarmede ovn i cirka 25 minutter, indtil mælken er absorberet, kartoflerne er møre og toppen er brunet. (Hvis det ikke serveres med det samme, hold varmt uden låg, tilsæt lidt mere mælk, hvis kartoflerne virker tørre.)
Server med stege, bøffer eller koteletter.

70. Gratin De Pommes De Terre Et Saucisson

INGREDIENSER:

3 kopper skåret, tidligere kogte kartofler (ca. 1 lb.)
1 kop hakket løg, tidligere kogt i smør
$\frac{1}{2}$ lb. skåret polsk pølse
En let smurt bageform eller tærteplade, 8 tommer i diameter og 2 tommer dyb
3 æg
$1\frac{1}{2}$ dl let fløde
$\frac{1}{4}$ tsk salt
$\frac{1}{8}$ tsk peber
$\frac{1}{4}$ kop revet schweizerost
1 spsk smør

INSTRUKTIONER:

Forvarm ovnen til 375 grader.
Læg lag af kartofler, løg og pølse i en bageform. Blend æg, fløde, salt og peber i en skål, hæld i en ovnfast fad, drys med ost, og dryp med smør. Bag i den øverste tredjedel af den forvarmede ovn i 30 til 40 minutter, indtil toppen er pænt brunet.
Server som hovedret til frokost eller aftensmad.

71. Purée De Pommes De Terre a l'Ail

INGREDIENSER:
HVIDLØGSSAUSEN
2 hvidløgshoveder, ca. 30 fed
4 spsk smør
En 3- til 4-kopps dækket gryde
2 spsk mel
1 kop varm mælk
¼ tsk salt og en knivspids peber
BLANDING MED KARTOFLERNE
2½ lbs. bagning af kartofler
4 spsk smør
Salt og peber
3 til 4 tb tung fløde
¼ kop hakket frisk persille

INSTRUKTIONER:
Adskil hvidløgsfed og kom i kogende vand; kog 2 minutter, afdryp og skræl. Kog derefter hvidløget langsomt i smørret i cirka 20 minutter i den tildækkede gryde, til det er meget mørt, men slet ikke er brunet. Bland melet i, kog langsomt i 2 minutter. Fjern fra varmen, pisk varm mælk og krydderier i, og kog under omrøring i 1 minut. Hvis den ikke skal bruges med det samme, skal den stilles til side og opvarmes senere. Skræl og kvarte kartoflerne. Enten koges i saltet vand, eller dampes, indtil de er lige møre; kom gennem en riser i en tung gryde. Rør kort ved moderat høj varme, indtil kartoflerne filmer bunden af gryden, og rør derefter smør og salt og peber i efter smag. Hold afdækket over kogende vand, indtil de skal serveres - men jo før de serveres, jo bedre. Lige før du går ind i spisestuen, gnid hvidløget gennem en sigte ind i kartoflerne; pisk fløde og persille i, og vend i et varmt, smurt serveringsfad.

72. Concombres Persillés, Ou a La Crème / Flødeagurker

INGREDIENSER:
MASERERING AF AGURKERNE
6 agurker omkring 8 tommer lange
2 spsk vineddike
1½ tsk salt
⅛ tsk sukker
MADLAGNING
2 til 3 spsk smør
En stor tykbundet emaljeret stegepande eller gryde
Salt og peber
2 spsk hakket skalotteløg eller spidskål
Valgfrit: 1 kop tung fløde kogt ned til det halve i en lille gryde
3 spsk friskhakket persille

INSTRUKTIONER:
Skræl agurkerne, skær dem i halve på langs, og skrab kernerne ud med en teske. Skær i langsgående strimler omkring ⅜ tomme brede, og skær derefter strimlerne i 2-tommer stykker. Smid eddike, salt og sukker i en skål og lad det stå i mindst 20 minutter. Dræn og tør i køkkenrulle lige før brug.
Varm smørret op, indtil det bobler i gryden eller gryden. Tilsæt agurker og skalotteløg eller spidskål; kog langsomt, vend jævnligt, i ca. 5 minutter, indtil agurkerne er møre sprøde, men ikke brunede. Lige inden servering vendes med den valgfrie creme og persillen. Vend til en varm ret.

73. Navets a La Champenoise / majroe og løggryde

INGREDIENSER:
- 2½ lbs. gule majroer eller rutabagas (ca. 8 kopper i tern)
- ⅔ kop fint hakket fedt-og-magert frisk svinekød eller side svinekød; eller 3 spsk smør eller madolie
- ⅔ kop finthakkede løg
- 1 spsk mel
- ¾ kop oksebouillon
- ¼ tsk salvie
- Salt og peber
- 2 til 3 spsk frisk hakket persille

INSTRUKTIONER:
Skræl majroerne, skær dem i kvarte og derefter i ½ tomme skiver; skær skiver i ½-tommers strimler, og strimlerne i ½-tommers terninger. Hæld i kogende saltet vand og kog uden låg i 3 til 5 minutter, eller indtil det er lidt mørt. Dræne.

Hvis du bruger svinekød, sauter langsomt i en 3-quart gryde indtil meget let brunet; ellers tilsæt smørret eller olien i gryden. Rør løgene i, dæk til og steg langsomt i 5 minutter uden at brune. Bland melet i og kog langsomt i 2 minutter. Fjern fra varmen, pisk bouillon i, vend tilbage til varmen og kog op. Tilsæt salvie, og fold derefter majroerne i. Smag til med salt og peber.

Dæk gryden til og lad det simre langsomt i 20 til 30 minutter, eller indtil majroerne er møre. Hvis saucen er for flydende, afdæk og kog langsomt i flere minutter, indtil væsken er reduceret og tyknet. Korrekt krydring. (Kan tilberedes på forhånd. Afkøl uden låg; læg låg på og lad det simre et par øjeblikke før servering.)

Til servering foldes persillen i og vendes til et varmt serveringsfad.

74. Asparges

INGREDIENSER:
1 æske frosne skåret asparges
2 spsk salt
2 spsk smør i en stegepande
Salt og peber

INSTRUKTIONER:
Lad aspargesene tø op, indtil stykkerne skilles fra hinanden. Hæld derefter i 4 liter hurtigt kogende vand. Tilsæt 2 spsk salt, bring hurtigt i kog igen, og kog uden låg i 3 eller 4 minutter, indtil aspargesene knap er møre. Dræne. Hvis det ikke skal serveres med det samme, skal du hælde koldt vand over asparges for at stoppe tilberedningen og indstille den friske farve og tekstur. Adskillige minutter før servering, smid forsigtigt 2 spsk varmt smør i for at afslutte tilberedningen. Smag til med salt og peber.

75. Artichauts Au Naturel / Helkogte Artiskokker

INGREDIENSER:
- Artiskokker

INSTRUKTIONER:
FORBEREDELSE TIL MADLAGNING
a) En artiskok ad gangen, fjern stilken ved at bøje den i bunden af artiskokken, indtil stilken knækker af, og brække derefter små blade af i bunden. Skær bunden af med en kniv, så artiskokken står solidt oprejst.
b) Læg til sidst artiskokken på siden og skær tre fjerdedele af en tomme af toppen; klip punkter af resterende blade af med en saks.
c) Vask under koldt rindende vand, og kom ned i et bassin med koldt vand indeholdende 1 spsk eddike pr. liter. Eddiken forhindrer artiskokker i at misfarve, før du koger dem.

MADLAGNING
d) Dyp de tilberedte artiskokker i en stor kedel med hurtigt kogende saltet vand, og læg et dobbelt lag vasket osteklæde over dem for at holde de udsatte dele fugtige under tilberedningen. Kog, uden låg, ved langsomt kog i 35 til 45 minutter, afhængig af størrelse.
e) Artiskokkerne er færdige, når de nederste blade trækker ud - spis en som en test: den nederste halve tomme eller deromkring skal være møre - og når en kniv let kan trænge igennem bunden. Fjern straks og afdryp på hovedet i et dørslag.

SERVERING OG SPISE
f) Stil artiskokker oprejst og server i salat-størrelse tallerkener omkring 8 inches i diameter, eller specielle artiskok plader. For at spise en artiskok skal du trække et blad af og holde dets spids i fingrene. Dyp bunden af

bladet i smeltet smør eller en af de foreslåede saucer, og skrab derefter det møre kød af mellem tænderne.
g) Når du er gået gennem bladene, kommer du til bunden, som du spiser med kniv og gaffel, efter at du har skrabet af og kasseret kvælningen eller den behårede midtervækst, som dækker den.

SAUSER

h) Smeltet smør, citronsmør eller hollandaise til varme eller varme artiskokker; vinaigrette (fransk dressing), sennepssauce eller mayonnaise til kolde artiskokker.

76. Ratatouille

INGREDIENSER:
FORELØBIG SALTNING
- ½ lb. Aubergine
- ½ lb. zucchini
- En 3-quart røreskål
- 1 tsk salt

SAUTÉING
- 4 eller flere spsk olivenolie
- En 10- til 12-tommers emaljeret eller non-stick stegepande
- ½ lb. (1½ dl) hakkede løg
- 1 kop skåret grøn peberfrugt (ca. 2 peberfrugter)
- 2 fed mosede hvidløg
- Salt og peber
- 1 lb. tomater, skrællede, frøet og juicede (1½ kop frugtkød) eller 1 kop drænede pæreformede tomater på dåse
- 3 spsk hakket persille

SAMLING OG BAGNING
- En 2½ liter flammesikker gryderet 2 tommer dyb

INSTRUKTIONER:
a) Skræl aubergine og skær i skiver på langs på ⅜ tommer tykke. Skrub zucchini under koldt vand, skær af og kassér to ender, og skær zucchini i stykker på langs på ⅜ tommer tykke. Vend grøntsagerne sammen i en skål med saltet og lad det stå i 30 minutter. dræne; tør i et håndklæde.
b) Varm olivenolie i stegepanden, og svits derefter aubergine og zucchini skiver, indtil de er let brune på begge sider. Tag til sideskålen. Tilsæt mere olie, hvis det er nødvendigt, og steg løg og peberfrugt langsomt, indtil

det er blødt. Rør hvidløg i og smag til med salt og peber. Skær tomatkødet i strimler og læg det over løg og peberfrugt.

c) Dæk panden og kog i 5 minutter, afdæk derefter, hæv varmen og kog i flere minutter, indtil tomatsaften er næsten helt fordampet. Smag til med salt og peber; fold persille i.

d) Kom en tredjedel af tomatblandingen i bunden af gryden. Anret halvdelen af aubergine og zucchini ovenpå, derefter halvdelen af de resterende tomater. Dæk med den resterende aubergine og zucchini og det sidste af tomatblandingen. Læg låg på gryden og lad det simre ved svag varme i 10 minutter. Afdæk, tip gryden og dryp med den udsmeltede saft, og tilpas krydderierne, hvis det er nødvendigt. Hæv varmen lidt og kog langsomt, indtil saften er næsten helt fordampet.

e) Serveres varm med stege, bøffer, hamburgere, stegt fisk.

f) Serveres koldt med pålæg og fisk, eller som en kold hors d'oeuvre.

77. Moussaka

INGREDIENSER:
FORELØBIG SALTNING OG BAGNING AF AUGBLANTEN
- 5 lbs. aubergine (4 til 5 auberginer, hver 7 til 8 tommer lang)
- 1 spsk salt
- 2 spsk olivenolie
- En flad bradepande
- 1 spsk olivenolie
- En 3-quart røreskål

SAMLING OG BAGNING
- En let olieret cylindrisk 2-quart bradepande $3\frac{1}{2}$ til 4 tommer dyb og 7 tommer i diameter
- $2\frac{1}{2}$ kopper malet kogt lam
- ⅔ kop hakket løg, tidligere kogt i smør
- 1 kop hakkede svampe, tidligere kogt i smør
- 1 tsk salt
- $\frac{1}{8}$ tsk peber
- $\frac{1}{2}$ tsk timian
- $\frac{1}{2}$ tsk stødt rosmarin
- 1 lille fed moset hvidløg
- ⅔ kop oksefond eller bouillon kogt i 2 minutter med $\frac{1}{2}$ spsk majsstivelse
- 3 TB tomatpure
- 3 æg (USA klassificeret "large")
- En gryde med kogende vand
- Et serveringsfad

INSTRUKTIONER:
a) Forvarm ovnen til 400 grader.
b) Fjern grønne hætter og skær aubergine i halve på langs; skær dybe flænger i kødet af hver halvdel. Drys med

salt og lad stå i 30 minutter. Pres vand ud, tør kødsiden og pensl med olivenolie.

c) Hæld ½ tomme vand i en bradepande, tilsæt auberginer med kødsiden opad, og bag 30 til 40 minutter i en forvarmet ovn, eller indtil de er møre. Skrab kødet ud, og lad auberginehuden være intakt (brug en ske eller grapefrugtkniv).

d) Hak kødet og svits i et minut eller to i varm olivenolie. Vend i røreskål.

e) Beklæd formen med auberginskind, spidse ender mødes i midten og bunden af formen, lilla sider mod skimmelsvamp. Pisk alle ovenstående ingredienser i den hakkede aubergine, vend i foret form, og fold dinglende auberginskind op over overfladen. Dæk med aluminiumsfolie og låg. Bages i en gryde med kogende vand i en 375 grader varm ovn i 1½ time. Lad afkøle i 10 minutter, og tag derefter formen ud på et serveringsfad.

f) Serveres varm med tomatsauce, dampede ris, franskbrød og rosévin.

g) Serveres koldt med tomatsalat, franskbrød og rosévin.

78. Laitues Braisées / Braiseret salat

INGREDIENSER:
- 2 mellemstore hoveder Boston salat;
- 1 hoved escarole eller cikorie

VASK
- En stor kedel, der indeholder 7 til 8 liter kogende vand
- 1½ tsk salt pr. liter vand
- Salt og peber

BRYMNING
- Til 6 hoveder cikorie eller escarole; 12 hoveder Boston salat
- En 12-tommer flammesikker gryde med låg
- 6 tykke skiver bacon, tidligere kogt i 10 minutter i 2 liter vand og derefter drænet
- 2 spsk smør
- ½ kop hakkede løg
- ½ kop skåret gulerødder
- Valgfrit: ½ kop tør hvid vermouth
- Cirka 2 kopper oksebouillon

SAUCE OG SERVERING
- Et varmt serveringsfad
- 1 tsk majsstivelse blandet med 1 spsk vermouth eller kold bouillon
- 1 spsk smør

INSTRUKTIONER:
a) Skær salatstængerne og fjern visne blade. Hold salat ved enden af stilken, pump forsigtigt op og ned i et bassin med koldt vand for at fjerne alt snavs.
b) Dyp 2 eller 3 hoveder af vasket salat ned i det kogende vand og kog langsomt uden låg i 3 til 5 minutter, indtil salaten er blød. Fjern slap salat, kom den i koldt vand, og fortsæt med resten. En ad gangen, klem hovederne

forsigtigt, men fast i begge hænder for at fjerne så meget vand som muligt. Skær store hoveder i halve på langs; lad små hoveder være hele.
c) Drys med salt og peber; fold hovederne på kryds og tværs for at lave trekantede former.
d) En medium urtebuket: 4 persillekviste, ¼ tsk timian og et laurbærblad bundet i vasket osteklæde
e) Forvarm ovnen til 325 grader.
f) Svits baconen i smør i et minut eller to, så den bruner meget let. Fjern bacon, rør løg og gulerødder i, og kog langsomt i 8 til 10 minutter, indtil de er møre, men ikke brune. Fjern halvdelen af grøntsagerne, arranger salaten over resten, og dæk derefter med de kogte grøntsager og bacon.
g) Hæld valgfri vermouth og nok bouillon i, så det næsten ikke dækker salaten. Bring det til kogepunktet, læg et stykke vokspapir over salaten, dæk gryden og bag den midt i en forvarmet ovn. Salat skal simre meget langsomt i cirka 2 timer. (Kan koges frem til dette punkt; genopvarm før næste trin.)
h) Fjern salaten til serveringsfadet. Kog kogevæsken hurtigt ned, hvis det er nødvendigt, til cirka ½ kop. Fjern fra varmen. Pisk majsstivelsesblandingen i kogevæsken, og lad det simre under omrøring i 2 minutter. Fjern fra varmen, rør smør i, hæld salaten over og server.

79. Choucroute Braisée a l'Alsacienne / Braiseret surkål

INGREDIENSER:
FORELØB TILBEREDNING
- ½ lb. tykt skåret bacon
- En 2½ til 3 liter flammesikker gryde med låg
- 3 tb afsmeltet gåse- eller svinefedt eller madolie
- ½ kop skåret gulerødder
- 1 kop hakkede løg

BRYMNING
- 4 persillekviste, 1 laurbærblad, 6 peberkorn og eventuelt 10 enebær bundet i vasket osteklæde
- Valgfrit: 1 kop tør hvidvin eller ¾ kop tør hvid vermouth
- 3 til 4 kopper kyllingebouillon
- Salt

INSTRUKTIONER:
a) Skær bacon i 2-tommers stykker, lad det simre i 10 minutter i 2 liter vand, dræn og tør. I gryden sauteres baconen langsomt i fedtstof eller olie sammen med grøntsagerne i 10 minutter uden at brune. Rør surkålen i, vend til dækning med fedt og grøntsager, dæk gryden og kog langsomt i 10 minutter.

b) Forvarm ovnen til 325 grader til næste trin.)

c) Begrav urte- og krydderipakken i surkålen. Hæld den valgfrie vin i, og nok kyllingebouillon lige til at dække surkålen.

d) Kog op, krydr let med salt, læg et stykke vokspapir over surkålen, dæk gryden og sæt den midt i en forvarmet ovn.

e) Sauerkraut skal simre meget langsomt i cirka 4 timer, og skal absorbere al kogevæsken, når den er færdig.

80. Champignons Sautés Au Beurre / Sauterede svampe

INGREDIENSER:

- En 10-tommer non-stick stegepande
- 2 spsk smør
- 1 spsk let olivenolie eller madolie
- $\frac{1}{2}$ lb. friske svampe, vaskede og tørrede (små hele svampe eller champignon i skiver eller kvarte)
- 1 til 2 spsk hakket skalotteløg eller spidskål
- Valgfrit: 1 fed knust hvidløg, 2 til 3 spsk hakket persille
- Salt og peber

INSTRUKTIONER:

Stil stegepanden over høj varme og tilsæt smør og olie. Så snart du ser smørskummet begynde at aftage, tilsæt svampene. Kast og ryst panden ofte, så svampe koger jævnt. I første omgang vil svampe absorbere fedtet i gryden; om et par minutter vil fedtet dukke op på overfladen igen, og svampene begynder at blive brune. Når det er let brunet, tilsæt skalotteløg eller spidskål og eventuelt hvidløg. Rør et øjeblik mere og fjern fra varmen. Genopvarm og smag til med salt, peber og valgfri persille lige før servering.

81. Mock Hollandaise Sauce (Bâtarde)

INGREDIENSER:

- 3 spsk blødgjort eller smeltet smør
- 3 spsk mel
- $1\frac{1}{4}$ kopper varmt grøntsagsvand eller mælk
- 1 æggeblomme blandet i en skål med $\frac{1}{4}$ kop tung fløde
- Salt og peber
- 1 til 2 spsk citronsaft
- 2 eller flere spsk blødgjort smør

INSTRUKTIONER:

a) Blend smør og mel i en lille gryde med en gummispatel.

b) Brug en trådpisk til at piske den varme væske i, kog derefter op, pisk langsomt.

c) Pisk denne varme sauce i æggeblomme og fløde, hæld tilbage i gryden og bring det i kog under omrøring.

d) Fjern fra varmen og smag til med salt, peber og citronsaft. Hvis det ikke skal serveres med det samme, skal du rense siderne af panden med gummispatel og prikke toppen af saucen med blødgjort smør for at forhindre, at der dannes et skind.

e) Genopvarm lige før servering, tag af varmen og pisk blødt smør i med spiseskefulde.

82. Crème Anglaise (fransk vanillecreme sauce)

INGREDIENSER:

- 3 æggeblommer
- En 1½ liter gryde i rustfrit stål eller emaljeret
- ⅓ kop granuleret sukker
- 1¼ kopper varm mælk
- 2 tsk vaniljeekstrakt
- Valgfrit: 1 spsk rom
- 1 spsk blødgjort smør

INSTRUKTIONER:

a) Pisk æggeblommerne i gryden, indtil de er tykke og klistrede (1 minut), pisk gradvist sukkeret i, og pisk derefter den varme mælk i dråbevis.

b) Rør over moderat lav varme med en træske, indtil saucen tykner nok til at dække skeen – lad ikke saucen komme i nærheden af simren, ellers vil æggeblommerne stivne.

c) Fjern fra varmen og rør vanilje i, derefter den valgfri rom og smørret. Serveres varm eller kølig.

82. Crème Anglaise (fransk vanillecreme sauce)

INGREDIENSER:

- 3 æggeblommer
- En 1½ liter gryde i rustfrit stål eller emaljeret
- ⅓ kop granuleret sukker
- 1¼ kopper varm mælk
- 2 tsk vaniljeekstrakt
- Valgfrit: 1 spsk rom
- 1 spsk blødgjort smør

INSTRUKTIONER:

a) Pisk æggeblommerne i gryden, indtil de er tykke og klistrede (1 minut), pisk gradvist sukkeret i, og pisk derefter den varme mælk i dråbevis.

b) Rør over moderat lav varme med en træske, indtil saucen tykner nok til at dække skeen – lad ikke saucen komme i nærheden af simren, ellers vil æggeblommerne stivne.

c) Fjern fra varmen og rør vanilje i, derefter den valgfri rom og smørret. Serveres varm eller kølig.

83. Fløde svampe

INGREDIENSER:
- ¾ lb. finthakkede friske svampe
- 2 spsk smør og 1 spsk madolie
- 2 spsk hakket skalotteløg eller spidskål
- 2 spsk mel
- Cirka ½ kop medium fløde
- Salt og peber

INSTRUKTIONER:

Sauter svampene i varmt smør og olie i flere minutter, indtil stykkerne begynder at skille sig fra hinanden. Rør skalotteløg eller spidskål i og kog et øjeblik mere. Sænk varmen, rør melet i og kog under omrøring i 2 minutter. Fjern fra varmen og rør halvdelen af fløden i. Lad det simre under omrøring et øjeblik, og tilsæt mere fløde i skefulde. Svampe skal bare holde formen, når de løftes i en ske. Smag forsigtigt til med salt og peber. Genopvarm lige før servering.

84. Sauce Mousseline Sabayon

INGREDIENSER:
- ¼ kop reduceret fisketilberedningsvæske
- 3 TB tung creme
- 4 æggeblommer
- En 6-kopps emaljeret gryde og en trådpisk
- 1½ til 2 pinde (6 til 8 ounce) blødgjort smør
- Salt, hvid peber og dråber citronsaft

INSTRUKTIONER:
a) Blend fiskefond, fløde og æggeblommer i gryden med en trådpisk.
b) Rør derefter ved svag varme, indtil blandingen langsomt tykner til en let creme, der dækker piskens tråde – pas på ikke at blive overophedet, ellers vil æggeblommerne krydre, men du skal varme dem nok til at blive tykkere.
c) Fjern fra varmen og begynd med det samme at piske smørret i, en spiseskefuld ad gangen. Sauce vil gradvist tykne til en tung creme.
d) Smag til med salt, peber og dråber citronsaft. Hold lunkent - ikke varmt - vand, indtil det skal bruges.

DESSERTER

85. Pate Feuilletée / Fransk butterdej

INGREDIENSER:

- 3 til 4 pattyskaller eller 8 tre-tommers pattyskaller og
- 8 to-tommers appetitvækkerskaller

DÉTREMPE

- 1 kop almindeligt universalmel og $3\frac{3}{4}$ kopper wienerbrødsmel (mål ved at sigte direkte i tørmålskopper og feje overskydende af)
- En røreskål
- 6 spsk afkølet usaltet smør
- 2 tsk salt opløst i $\frac{3}{4}$ kop meget koldt vand (mere vand i dråber om nødvendigt)

PAKKEN

- 2 stænger ($\frac{1}{2}$ lb.) afkølet usaltet smør

INSTRUKTIONER:

a) Kom mel i røreskålen, tilsæt smør og gnid hurtigt sammen med fingerspidserne, eller arbejd med en konditorblender, indtil blandingen minder om groft mel.

b) Bland hurtigt vandet i med de let skålede fingre på den ene hånd, pres blandingen godt sammen og tilsæt mere vand dråbevis for at lave en fast, men smidig dej.

c) Ælt kort til en kage 6 inches i diameter, arbejde dejen så lidt som muligt. Pak ind i vokspapir og afkøl i 30 til 40 minutter. Rul derefter ud til en 10-tommer cirkel.

d) Pisk og ælt smør, indtil det er helt glat, fri for klumper, formbart, men stadig koldt. Form til en 5-tommer firkant og placer i midten af dejcirklen. Bring kanterne af dejen op over smør for at omslutte den helt. Forsegl kanterne med fingrene.

e) Mel let og rul hurtigt ud til et jævnt rektangel omkring 16 gange 6 tommer. Som om du folder et bogstav, skal du

bringe den nederste kant op til midten og den øverste kant ned for at dække det, hvilket gør tre jævne lag.
f) Vend dejen, så den øverste kant er til højre, rul dejen igen til et rektangel. Fold i tre, pak i vokspapir og en plastikpose; og køl 45 minutter til 1 time.
g) Gentag med yderligere to ruller og folder; køl af igen, og fuldfør derefter de sidste to ruller og foldninger, hvilket gør seks i alt. (Dette kaldes drejninger.)
h) Efter en sidste nedkøling på 45 til 60 minutter er butterdejsdejen klar til formning. Sikkert pakket ind, kan dejen stå på køl i flere dage eller fryses.

86. Vol-au-Vent / Large Patty Shell

INGREDIENSER:
- Butterdejsdej (forudgående opskrift)
- Æggeglasur (1 æg pisket med 1 tsk vand)

INSTRUKTIONER:
a) Rul den afkølede butterdejsdej til et rektangel omkring $\frac{3}{8}$ tommer tykt, 18 tommer langt og 10 tommer bredt. Skær 2 syv til otte tommer cirkler i dejen, centrer dem godt på dejen, så de ikke rører kanterne.

b) Kør koldt vand over en bageplade. Placer en dejcirkel i midten, mal rundt om dens øverste omkreds med koldt vand. Skær en 5- til 6-tommer cirkel fra midten af den anden cirkel, og lav således en ring og en mindre cirkel. Læg ringen på plads på den første cirkel, og forsegl de to stykker dej sammen med fingrene. Du har nu en flad cylinder på to lag. Prik midten af bundlaget over det hele med en gaffel, så midten ikke hæver under bagningen.

c) Rul den mindre cirkel ud og skær den i en 7- til 8-tommers cirkel for at danne et låg til wienerbrødscylinderen. Fugt toppen af cylinderen med koldt vand, og tryk den sidste cirkel på plads.

d) Forsegl de tre lag dej sammen med bagkanten af en kniv, hold den lodret, og tryk fordybninger ind i kanterne af dejen hver $\frac{1}{8}$ tomme hele vejen rundt. Afkøl i 30 minutter før bagning. Lige før bagning males toppen med ægglasur, og tænderne af en gaffel trækkes over den glaserede overflade for at lave dekorative krydsskraveringsmærker.

e) Bages i 20 minutter midt i en forvarmet 400 graders ovn. Når cirka tredoblet i højden og begynder at brune pænt, sænk varmen til 350 grader og bag 30 til 40 minutter længere, indtil siderne er brune og sprøde.

f) Skær under topdækslet, fjern det, og grav ukogt wienerbrød ud af skallen med en gaffel. Bag uden låg i 5 minutter mere for at tørre indvendigt, og afkøl derefter på en rist. Genopvarm i flere minutter ved 400 grader inden servering med det varme fyld du har valgt.

87. Creme Chantilly / Let pisket fløde

INGREDIENSER:

- ½ pint (1 kop) afkølet tung eller piskefløde
- En afkølet 3-quart skål
- En stor trådpisk, afkølet
- 2 spsk sigtet konditorsukker
- 1 til 2 spsk likør eller 1 tsk vaniljeekstrakt
- 2 tykkelser fugtigt, vasket osteklæde sat i en sigte over en skål

INSTRUKTIONER:

Hæld fløden i den afkølede skål og pisk langsomt med pisket, indtil cremen begynder at skumme. Øg gradvist piskehastigheden til moderat, og fortsæt indtil piskeris efterlader lette spor på overfladen af cremen og en smule løftet og tabt vil blødt bevare sin form. (I varmt vejr er det bedst at slå over revnet is.) Vend forsigtigt det sigtede sukker og smagsstofferne i. Hvis du laver cremen i forvejen, vend den i en sigte foret med osteklæde og stil den på køl; fløden forbliver pisket, og den lækre væske, der er sivet ned i bunden af skålen, kan bruges til noget andet.

88. Crème Renversée Au Caramel / Støbt karamelcreme

INGREDIENSER:
- 5 æg (USA klassificeret "large")
- 4 æggeblommer
- En 2½ liter røreskål og trådpisk
- ¾ kop granuleret sukker
- 3¾ kopper kogende mælk
- En vaniljestang gennemvædet i 10 minutter i den varme mælk eller 1½ tsk vaniljeekstrakt
- En 6-kopps karameliseret cylindrisk form eller bageform på cirka 3½ tommer dyb
- En gryde med kogende vand

INSTRUKTIONER:
Forvarm ovnen til 350 grader.
Pisk æg og æggeblommer i røreskålen med en trådpisk; pisk gradvist sukker i. Når blandingen er let og skummende, piskes varm mælk i en meget tynd stråle. (Pisk vaniljeekstrakt i, hvis det bruges.) Si gennem en fin sigte i karameliseret form. Kom i en gryde med kogende vand og bag i den nederste tredjedel af den forvarmede ovn. For at sikre en glat creme, skal du regulere varmen, så vandet i gryden aldrig simrer. Custard er færdig på cirka 40 minutter, eller når en kniv dykket ned gennem midten kommer ren ud.
For at servere varm, lad stå i 10 minutter i en gryde med koldt vand. Vend en varm serveringsfad på hovedet over creme, og vend derefter de to om for at løsne cremen.
For at servere koldt, lad afkøle til stuetemperatur; køl ned i flere timer, og fjern derefter formen.

89. Flaming Soufflé / Crème Anglaise

INGREDIENSER:

- Den revne skal af 2 appelsiner
- ⅔ kop granuleret sukker
- En røreskål
- 6 æggeblommer
- En skål eller gryde i rustfrit stål
- ¼ kop mørk rom eller appelsinjuice
- En trådpisk
- En elektrisk mixer

INSTRUKTIONER:

a) Forvarm ovnen til 375 grader.
b) Mos appelsinskal og sukker sammen i en skål med en træske, for at trække så meget af appelsinolien ud som muligt. Læg æggeblommerne i skålen eller gryden.
c) Pisk gradvist appelsinsukkeret i og fortsæt med at piske, indtil æggeblommerne er lysegule og tykne.
d) Pisk rom eller appelsinjuice i, sæt derefter over knapt simrende vand og pisk med en trådpisk (2 slag i sekundet), indtil blandingen bliver til en varm, tyk creme. Dette vil tage 3 eller 4 minutter, og blandingen vil være tyk nok til at danne et langsomt opløseligt bånd, når en smule tabes fra piskeriset og falder tilbage på overfladen.
e) Fjern fra varmen og pisk i en elektrisk mixer i 4 til 5 minutter, indtil den er afkølet og tyk.

90. Charlotte Malakoff Au Chocolat

INGREDIENSER:
KIKS À LA CUILLER (til 24 til 30 ladyfingers)
- 2 store bageplader (18 x 24 tommer)
- 1 spsk blødgjort smør
- Mel
- En wienerbrødspose med rund røråbning på $\frac{3}{8}$ tomme i diameter, eller en stor køkkenske
- 1$\frac{1}{2}$ dl pulveriseret sukker i en sigte
- En 3-quart røreskål
- $\frac{1}{2}$ kop granuleret sukker
- 3 æggeblommer
- 1 tsk vaniljeekstrakt
- 3 æggehvider
- Knivspids salt
- $\frac{1}{8}$ tsk fløde tatar
- 1 spsk granuleret sukker
- ⅔ kop almindeligt bleget kagemel

FORET DESSERTFORMEN MED LADYFINGERS
- En 2-quart cylindrisk form, 4 tommer høj, hvis det er muligt, og 7 tommer i diameter
- Vokset papir
- ⅓ kop appelsinlikør
- ⅔ kop vand
- 24 ladyfingers, 4 tommer lange og omkring 2 tommer brede

MANDELCREMEN
- En 4 liter røreskål
- $\frac{1}{2}$ lb. blødgjort usaltet smør
- 1 kop instant superfint granuleret sukker
- $\frac{1}{4}$ kop appelsinlikør
- ⅔ kop halvsød chokolade smeltet med $\frac{1}{4}$ kop stærk kaffe
- $\frac{1}{4}$ tsk mandelekstrakt

- 1⅓ kopper pulveriserede mandler (blancherede mandler malet i en blender eller sat gennem en kødhakker med lidt af instant sukker)
- 2 kopper tung fløde, afkølet
- En afkølet skål og piskeris

INSTRUKTIONER:
Forvarm ovnen til 300 grader.
Forbered bagepladerne ved at gnide let med smør, drysse med mel og banke overskydende mel af. Saml konditorpose, hvis du bruger en; tilbered pulveriseret sukker, og mål resten af ingredienserne op.
I røreskålen piskes sukkeret gradvist ind i æggeblommerne, tilsæt vaniljen og fortsæt med at piske i flere minutter, indtil blandingen er tyk, bleggul og danner båndet. Pisk æggehviderne i en separat skål, indtil de skummer, pisk salt og fløde af tatar i, og fortsæt med at piske, indtil der dannes bløde toppe. Drys en spiseskefuld perlesukker i og pisk, indtil der dannes stive toppe.
Hæld en fjerdedel af æggehviderne over toppen af æggeblommer og sukker, sigt en fjerdedel af melet på, og fold forsigtigt, indtil det er delvist blandet. Tilsæt derefter en tredjedel af de resterende æggehvider; sigt en tredjedel af det resterende mel, fold indtil delvist blandet igen. Gentag med halvdelen, og derefter med den sidste af hver. Forsøg ikke at blande for grundigt; dejen skal forblive let og hævet.
Enten med wienerbrødsposen eller med en stor køkkenske, lav lige linjer af dej 4 tommer lang, 1½ tommer bred, med en afstand på 1 tomme fra hinanden på kagepladerne. Drys med et 1/16-tommer lag pulveriseret sukker. Bag straks i midterste og øverste tredje niveau af ovnen i cirka 20

minutter. Ladyfingers er færdige, når de er meget blegbrune under sukkerbelægningen. De skal være let sprøde udenpå, møre, men tørre indeni. Fjern fra bageplader med en spatel; Afkøl på kagerister.

Beklæd bunden af den tørre form med en omgang vokspapir. Hæld likøren og vandet i en suppetallerken. En efter en dypper du ladyfingers i væsken i et sekund, og dræner dem derefter på en kagerist. Arranger en række opretstående ladyfingers inde i formen, presset tæt sammen med deres buede sider mod formen. Reserver de resterende dyppede ladyfingers.

Pisk smør og sukker sammen i flere minutter, indtil det er blegt og luftigt. Pisk appelsinlikøren, smeltet chokolade og mandelekstrakt i; fortsæt med at piske i flere minutter, indtil sukkeret ikke længere er kornet i konsistensen. Pisk mandlerne i. Pisk den afkølede fløde i en afkølet skål med en afkølet piskeris, lige indtil piskeriset efterlader lette spor på fløde - pisk ikke mere end dette, ellers køles fløden muligvis ikke glat. Fold cremen i chokolade-mandelblandingen. Vend en tredjedel af blandingen i den forede form, læg et lag ladyfingers henover, og fortsæt med lag af chokolade-mandelcreme og ladyfingers, afslut med ladyfingers, hvis der er nogen tilbage. Klip eventuelle ladyfingre, der stikker ud over kanten af formen, og tryk stykker ind i toppen af cremen. Dæk formen med vokspapir, sæt en underkop over papiret, og læg en vægt over den (for eksempel 2-kopper glasmål af vand). Stil på køl i 6 timer eller natten over; smør skal køles fast, så desserten ikke falder sammen, når den er ustøbt. (Desserten holder sig i flere dage under køl eller kan fryses.)

USTØBNING OG SERVERING

For at servere skal du fjerne vokspapir fra toppen, køre en kniv rundt om indersiden af formen, skubbe forsigtigt for at fjerne desserten. Vend et afkølet serveringsfad på hovedet over formen, og vend de to om, hvilket giver et skarpt nedadgående ryk, så desserten falder ned på fadet. Pynt toppen af charlotten med revet chokolade. Stil på køl, hvis den ikke serveres med det samme.

91. Poires Au Gratin / Pærer bagt med vin

INGREDIENSER:
En bageplade 2 tommer høj og 8 tommer i diameter
1 spsk blødgjort smør
3 til 4 faste, modne pærer
⅓ kop abrikosmarmelade
¼ kop tør hvid vermouth
2 til 3 forældede makroner
2 spsk smør skåret i prikker

INSTRUKTIONER:
Smør bradepanden med smørret. Skræl, kvartér og udkern pærerne; skæres i langsgående skiver omkring ⅜ tomme tykke, og anret i fadet. Tving abrikosmarmeladen gennem en sigte ned i en skål; blend med vermouth, og hæld over pærerne. Smuldr makronerne over det hele, og top med smørprikkerne. Sæt i et mellemniveau i forvarmet ovn og bag i 20 til 25 minutter, indtil toppen er let brunet. Server varm, varm eller kold og ledsage, hvis du ønsker det, med en kande tung fløde.

92. Timbale Aux Épinards / Formstøbt spinatcreme

INGREDIENSER:

- ½ kop hakket løg
- 2 spsk smør
- En gryde i rustfrit stål eller emaljeret dækket (spinat vil optage metallisk smag, hvis den tilberedes i almindelige metalgryder)
- 2½ til 3 lbs. frisk spinat trimmet og blancheret i 3 minutter i kogende vand; eller 2 pakker (10 ounce hver) frossen bladspinat optøet i koldt vand
- En kniv i rustfrit stål til at hakke spinat
- ¼ tsk salt
- Knip hver peber og muskatnød

TILFØJ INDS

- 1 kop mælk
- 5 æg
- 2 spsk smør
- En røreskål
- ⅔ kop uaktuelle hvide brødkrummer
- ½ kop revet schweizerost
- Salt og peber
- En 6-kopps ringform eller souffléfad eller 4 ramekins med en kapacitet på 1½ kop

INSTRUKTIONER:

a) Steg løgene langsomt i smørret. Pres imens spinaten, en lille håndfuld ad gangen, for at fjerne så meget vand som muligt. Hak til en fin puré. Når løgene er møre, røres spinaten og salt, peber og muskatnød i.

b) Dæk gryden til og kog meget langsomt under omrøring af og til for at undgå at klæbe, indtil spinaten er mør (ca. 5 minutter).

c) Når spinaten er færdig, røres det ekstra smør og mælken i. Pisk æggene i en røreskål, og pisk derefter gradvist den varme spinatblanding ind i dem. Rør brødkrummer og ost i, og tilpas krydring. Hæld i forberedt form.

BAGNING OG SERVERING

d) En gryde med cirka 1½ tommer kogende vand
e) Valgfrit: flødesauce, let ostesauce eller hollandaise (se denne side)
f) Forvarm ovnen til 325 grader.
g) Sæt formen i en gryde med kogende vand (vandet skal komme ½ til ⅔, vejen op af formen), og sæt i nederste tredjedel af ovnen. Bages i 30 til 40 minutter, afhængigt af formen, indtil en kniv, der er dykket ind i midten af cremen, kommer ren ud. Lad stå i 5 minutter, før den tages ud, eller hold den varm i en gryde med vand i en 150 grader varm ovn.
h) For at fjerne formen, kør en kniv rundt om kanten af cremen; vend et varmt serveringsfad på hovedet over formen, vend de to om, og vanillecreme falder ned på fadet.
i) Pil vokspapiret af toppen. Der behøves ingen sauce, hvis timbalen skal træde i stedet for en grøntsag; hvis det skal være en første- eller hovedret, så hæld en flødesauce, let ostesauce eller hollandaise over.

93. Timbale Au Jambon / Støbt skinkecreme

INGREDIENSER:
1½ kopper kogte nudler
¾ kop svampe, tidligere sauteret i smør
⅔ kop kogt skinke
½ kop løg, tidligere sauteret i smør
Salt og peber
1 kop tyk flødesauce
½ kop revet schweizerost
3 æggeblommer
1 TB tomatpure
¼ kop hakket persille
3 stift piskede æggehvider
En 6-kopps ringform, souffléfad eller brødform eller 4 ramekins med en kapacitet på 1½ kop

INSTRUKTIONER:
Forvarm ovnen til 325 grader.
Sæt nudler, svampe, skinke og løg gennem det mellemstore blad på en madmølle eller madhakker. Pisk blandingen i en skål med krydderier, flødesauce, ost, æggeblommer, tomatpuré og persille. Vend de piskede æggehvider i og vend dem i tilberedte forme eller ramekins. Sæt i en gryde med kogende vand og bag i ca. 30 minutter, alt efter formen på formen (en ringform bager hurtigere end en souffléfad). Timbale er færdig, når blandingen er hævet omkring ½ tomme og brunet pænt på toppen. Den vil synke lidt efterhånden som den afkøles, men kan holdes varm i en god halv time inden servering. Form på et varmt serveringsfad.
SAUCE OG GARNITURE
Hvis du har brugt en ringform, kan du fylde timbalen med kogte grønne grøntsager; ellers kan du måske omgive den med grøntsagerne. Tomatsauce, flødesauce blandet med

krydderurter eller en skefuld tomatpure, eller en let ostesauce ville passe godt, hældt over timbalen.

94. Biscuit au Chocolat / Chokolade Svampekage

INGREDIENSER:
- 1 spsk blødgjort smør
- Mel
- En rund kageform i ét stykke 8 tommer i diameter og 1½ tommer dyb
- ⅔ til 1 kop (4 til 6 ounce) halvsøde chokoladestykker (mindre mængde giver en lettere kage)
- 1 dynger tb instant kaffe opløst i 2 tb kogende vand

KAGEDEJEN
- 3 æg (USA klassificeret "large")
- En stor røreskål
- ½ kop granuleret sukker
- ⅔ kop kagemel (sigtet direkte i kopper, jævn af med kniv, og returner mel til sigten)
- 3½ spsk blødgjort usaltet smør

INSTRUKTIONER:
a) Forvarm ovnen til 350 grader.
b) Smør let inde i kageformen, rul mel indeni, så det dækker overfladen helt, og bank overskydende mel ud. Smelt chokoladen sammen med kaffen og lad den køle til lunken.
c) Til æggehviderne: knivspids salt, ⅛ tsk fløde tatar og 1 spsk perlesukker
d) En elmixer med store og små skåle og om muligt ekstra knive (eller 2 skåle og 2 store piske); gummi spatler
e) Adskil æggene, og læg blommerne i den store skål og hviderne i en anden skål (eller en lille skål med røremaskine). Mål kagemelet op, og mos smørret for at blødgøre det.
f) Enten med din røremaskine eller med en stor pisk, pisk gradvist sukkeret i æggeblommerne og fortsæt med at

piske i flere minutter, indtil blandingen er tyk og citronfarvet. Hvis du bruger en røremaskine, pisk den lunken smeltede chokolade i og derefter smørret; ellers, pisk smør gradvist ind i chokoladen, indtil det er glat, og pisk derefter i æggeblommer og sukker.

g) Pisk æggehviderne med rene tørre piskere eller en stor pisk til skum, og pisk derefter salt og fløde af tatar i. Fortsæt med at slå, indtil der dannes bløde toppe; drys sukker i og pisk, indtil der dannes stive toppe.

h) Brug en gummispatel til at røre $\frac{1}{4}$ af æggehviderne i chokolade- og æggeblommeblandingen; når delvist blandet sigtes $\frac{1}{4}$ kagemel på. Fold hurtigt og forsigtigt ind med en gummispatel; når den er delvist blandet, begynder du at folde $\frac{1}{3}$ af de resterende æggehvider i. Når dette er delvist blandet, sigtes $\frac{1}{3}$ af det resterende mel på, og fortsæt således, skiftevis med mel og æggehvider, og fold hurtigt, indtil det hele er inkorporeret.

BAGNING

i) Vend i forberedt kageform; vip panden for at køre dejen op til toppen hele vejen rundt. Sæt straks i midterste niveau i den forvarmede ovn og bag i cirka 30 minutter.

j) Kagen hæver lidt over kanten af formen, og toppen vil revne. Det er gjort, når en nål eller gaffel, dykket ned gennem midten af kagen, kommer ren ud; en meget svag krympelinje vil også vise sig mellem kanten af kagen og formen. Tag den ud af ovnen og lad den køle af i 5 minutter, og tag derefter formen ud på en kagerist.

k) Hvis kagen ikke er iset, når den er kold, så pak den lufttæt ind og stil den på køl eller frys.

95. Crème au Beurre à l'Anglaise / Custard Butter Cream

INGREDIENSER:

- En 2½ liter røreskål
- 4 æggeblommer
- ⅔ kop granuleret sukker
- ½ kop varm mælk
- ½ lb. blødgjort usaltet smør
- Smagsvalg: 3 spsk rom, kirsch, appelsinlikør eller stærk kaffe; eller 1 spsk vaniljeekstrakt; eller ⅓ kop (2 ounce) halvsøde chokoladestykker, smeltet

CHOKOLADE GLASUR

- 1 kop (6 ounce) halvsøde chokoladestykker
- ¼ kop kaffe

INSTRUKTIONER:

a) Læg æggeblommer i røreskålen; pisk gradvist sukkeret i og fortsæt med at piske indtil blandingen er tyk og citronfarvet. Pisk derefter mælken gradvist i.

b) Vend i en ren gryde og rør rundt med en træske ved moderat lav varme, indtil blandingen langsomt tykner nok til at beklæde skeen med en let creme. (Pas på ikke at overophede eller æggeblommer vil stivne, men blandingen skal tykne.)

c) Sæt gryden i koldt vand og rør til det er lunkent; skyl røreskålen og si cremen tilbage i den. Derefter piskes det blødgjorte smør gradvist i med spiseskefulde med en trådpisk eller en elektrisk mixer. Pisk smagsstoffet i.

d) Hvis fløden ser kornet ud, pisk mere smør i med skefulde. Afkøl eller rør over knust is, hvis det er nødvendigt; cremen skal være glat, tyk og homogen. (Rester af smørcreme kan fryses.)

FYLDNING OG GLÆSNING AF KAGEN

e) Når kagen er helt kold, børst krummerne af overfladen. Lad kagen stå på hovedet, da siderne skal skrå lidt indad. Skær en lillebitte lodret kile op ad kanten af kagen; dette vil guide dig i at omforme det. Skær derefter kagen i halve vandret. Spred et $\frac{1}{4}$-tommer lag smørcreme på den nederste halvdel (tidligere toppen); udskift den anden halvdel, og sæt de to halvdele på linje med kilen. Fordel glasur på toppen og siderne af kagen, jævn med en spatel dyppet i varmt vand, og hold siderne skrå lidt indad. Afkøl indtil frostingen er fast.

CHOKOLADE GLASUR

f) Smelt chokoladestykker med kaffen og lad afkøle til lunkent.

g) Læg den afkølede kage på en rist over en bakke og hæld al chokoladen over toppen, lad den falde ned over siderne, som, hvis den er pænt jævnet og let skråtstillet, bør tage chokoladeovertrækket perfekt.

h) Når glasuren er sat, overføres kagen til et serveringsfad. (Kagen skal opbevares på køl.)

96. Tarte Aux Pommes / Fransk æbletærte

INGREDIENSER:

- En 8-tommer delvis bagt wienerbrødsskal sat på en smurt bageplade
- 3 til 4 kopper tyk æblemos uden smag
- $\frac{1}{2}$ til $\frac{2}{3}$ kop granuleret sukker
- 3 spsk æblebrandy, cognac eller rom eller 1 spsk vaniljeekstrakt
- Den revne skal af 1 citron
- 2 spsk smør
- 2 til 3 æbler, skrællet og skåret i $\frac{1}{8}$-tommer langsgående skiver
- $\frac{1}{2}$ kop abrikosmarmelade, siet og kogt til 228 grader med 2 spsk sukker

INSTRUKTIONER:

Forvarm ovnen til 375 grader.

Rør $\frac{1}{2}$ til $\frac{2}{3}$ kop sukker i æblemosen, tilsæt likør eller vanilje og citronskal. Kog ned, under jævnlig omrøring, indtil saucen er tyk nok til at holde i en masse i skeen. Rør smørret i, og vend æblemosen i en kageskal, så den fyldes næsten til randen. Arranger tæt overlappende rå æbleskiver over toppen i koncentriske cirkler. Bages i 30 minutter i en forvarmet ovn. Udform tærten på en serveringsplade; mal top og sider med varm abrikosmarmelade. Server varm, varm eller kold ledsaget, hvis du ønsker det, med let pisket fløde.

97. Biscuit Roulé a l'Orange Et Aux Amandes

INGREDIENSER:
FORELØB

- 3 spsk smør
- En gelérulle eller kageform, 11 tommer i diameter, 17 tommer lang og 1 tomme dyb
- Mel
- ⅔ kop granuleret sukker
- 3 æg
- Skallen af 1 appelsin (riv den i røreskålen med blommerne)
- ⅓ kop siet appelsinjuice
- ¾ kop pulveriserede blancherede mandler (kværn dem i en elektrisk blender, eller kom gennem en kødkværn med en del af ⅔ kop perlesukker)
- ¼ tsk mandelekstrakt
- ¾ kop sigtet almindeligt bleget kagemel (placer tørmålte kopper på vokspapir, sigt mel direkte i kopper, og fej overløbet af med en ligekantet kniv)
- En lille ¼ tsk fløde tatar
- Knivspids salt
- 1 spsk granuleret sukker
- 1½ spsk lunkent smeltet smør
- Pulversukker i en sigte

INSTRUKTIONER:

Forvarm ovnen til 375 grader og sæt risten i midterste niveau. Smelt smørret og lad det afkøle til lunkent: del er til panden, del til kagen. Mal indersiden af kageformen med smeltet smør, og beklæd med 12 × 21-tommer stykke vokspapir, og lad enderne strække sig ud over pandens kanter. Smør papiret, rul mel over det, dækker hele den indvendige overflade, og bank overskydende mel ud.

BLANDING AF KAGEDEJEN

Pisk sukkeret gradvist ind i æggeblommerne og appelsinskalen ved hjælp af en stor trådpisk; pisk kraftigt i et minut eller to, indtil blandingen er tyk og bleggul. Pisk appelsinjuice i, derefter mandler, mandelekstrakt og mel.

Pisk æggehviderne et øjeblik ved moderat hastighed; når de begynder at skumme, tilsæt fløde af tatar og salt. Pisk ved tophastighed, indtil æggehviderne danner bløde toppe, drys sukkeret i og pisk et par sekunder mere, indtil æggehviderne danner stive toppe, når de løftes med en ske eller spatel.

Hæld æggehviderne over blommeblandingen. Fold hurtigt og forsigtigt sammen ved hjælp af en gummispatel; når det er næsten blandet, vend hurtigt det lune smør i $\frac{1}{2}$ tb ad gangen. Vend straks dejen i din tilberedte gryde, og jævn over hele overfladen. Slå panden kort på bordet, for at jævne blandingen, og sæt den i midterste niveau af forvarmet ovn.

BAGNING

Bages i cirka 10 minutter. Kagen er færdig, når den knap begynder at farve, når toppen er let fjedrende eller svampet, hvis den trykkes med fingrene, og når den svageste skillelinje viser sig mellem kagen og siderne af formen. Kog ikke for meget, ellers vil kagen gå i stykker, når den rulles; den skal være blød og svampet.

KØLING OG USTØBNING

Fjern fra ovnen og drys toppen af kagen med et 1/16-tommer lag pulveriseret sukker. Dæk med et stykke vokspapir. Skyl et håndklæde i koldt vand, vrid det ud og læg det over det voksede papir. Vend kagen på hovedet og lad den køle af i 20 minutter.

Løsn papirbeklædningen i den ene ende af panden for at løsne formen. Hold papiret fladt på bordet, og løft gradvist af panden, startende ved den løse papirende. Fjern forsigtigt papiret fra de lange sider af kagen, og pil det derefter af toppen. Trim brune kanter rundt om kagen; de vil revne, når de rulles. Kagen er nu klar til påfyldning, hvilket skal gøres med det samme.

98. Farce Aux Fraises Cio-Cio-San

INGREDIENSER:
- 4 kopper skåret friske jordbær og cirka ½ kop sukker; eller 3 ti-ounce pakker frosne skivede jordbær, optøet og drænet
- 2 TB tør hvid vermouth
- 2 spsk cognac, appelsinlikør eller kirsch
- 2 pakker (2 Tb) pulveriseret gelatine uden smag
- ⅔ kop skivede mandler
- ½ kop kumquats konserveret i sirup, frøet og skåret i tern
- Dekorative forslag: pulveriseret sukker, skivede mandler og kumquats, eller pulveriseret sukker og hele jordbær

INSTRUKTIONER:
Hvis du bruger friske jordbær, smid dem i en skål med sukkeret og lad dem stå i 20 minutter. Kom vin og likør i en lille gryde, tilsæt ¼ kop jordbærjuice og drys gelatinen på. Lad det blødgøre i flere minutter, og rør derefter over varme for at opløse gelatinen helt. Vend ind i jordbærene sammen med mandler og kumquat i tern. Afkøl eller rør over is, indtil det er tyknet, og fordel derefter over kagen.

Rul kagen op enten fra den korte eller lange ende, alt efter om du foretrækker en lang eller en fed rulle; Brug det nederste lag vokspapir til at hjælpe dig, når du vender kagen over på sig selv.

Overfør kagen til et serveringsbræt eller fad; dæk med vokspapir og stil på køl, hvis det ikke serveres ret hurtigt. Lige før servering, drys med pulveriseret sukker (vokset papir smuttet under sider og ender vil holde serveringsbrættet pænt), og pynt med mandler og kumquats eller jordbær. Ledsager, hvis du ønsker det, med flere jordbær og sødet flødeskum.

99. Italiensk marengs

INGREDIENSER:
- 3 æggehvider
- En elpisker
- Knivspids salt
- En lille ¼ tsk fløde tatar
- 1⅓ kopper granuleret sukker
- ⅓ kop vand
- En lille tung gryde

INSTRUKTIONER:
a) Hertil skal æggehviderne piskes og sukkersiruppen koges omtrent samtidig; arbejde dem sammen, hvis du kan. Du skal bruge en elpisker til æggehviderne; hvis du har en røremaskine med to skåle, så pisk hviderne i den lille skål, og kom dem over i den store skål, når du tilsætter sukkersiruppen.
b) Pisk æggehviderne ved moderat hastighed et øjeblik, indtil de begynder at skumme; tilsæt salt og fløde af tatar og pisk ved høj hastighed, indtil æggehviderne danner stive toppe, når de løftes i en ske eller spatel.
c) Kom sukker og vand i en gryde og sæt det over høj varme. Rør panden rundt – rør ikke – forsigtigt, indtil sukkeret er helt opløst og væsken er helt klar. Dæk panden og kog hurtigt uden omrøring i et øjeblik eller to: kondenserende damp falder ned fra låget, skyller siderne af panden og forhindrer dannelsen af krystaller. Afdæk gryden, når boblerne begynder at blive tykkere, og kog hurtigt til softball-stadiet, 238 grader.
d) Pisk æggehvider ved moderat lav hastighed, hæld sukkersirup i en tynd stråle. Fortsæt med at piske ved høj hastighed i mindst 5 minutter, indtil blandingen er

afkølet. Den bliver satinglat og danner stive toppe, når den løftes med en ske eller spatel.

100. Crème au Beurre à la Meringue / Marengssmørcreme

INGREDIENSER:

- 2 kopper (12 ounce) halvsøde chokoladestykker smeltet med 3 tb stærk kaffe eller rom
- 1 spsk vaniljeekstrakt
- ½ lb. (2 stænger) blødgjort usaltet smør

INSTRUKTIONER:

a) Pisk den smeltede chokolade og vanilje i den kølige marengsblanding. Pisk gradvist smørret i. Afkøl smørcremen, indtil den er nem at smøre ud. (Rester af smørcreme kan fryses.)

FYLDNING OG FRISTNING AF BÆKKEN

b) Fordel halvdelen af fyldet på svampekagepladen, og rul op startende ved en af de korte ender. (Indpak og køl, hvis du endnu ikke er klar til at froste den.)

c) Når du er klar til frost, skal du skære de to ender af på forspændingen for at give udseendet af en savet træstamme. For grene, skær huller omkring ½ tomme dybe i overfladen af kagen; indsæt 2-tommer længder fra afklippede ender. (Lav ikke grene for lange, ellers vil de ikke understøtte frostingen.) Overfør kagen til et serveringsbræt eller et rektangulært fad. Indsæt strimler af vokspapir under siderne og enderne af kagen for at holde frostingen af dit serveringsbræt; fjernes efter frosting. Brug derefter enten en lille spatel eller en kagepose med et båndrør til at dække toppen og siderne af kagen, så de to ender ikke er frostet. Skrub frostingen med en gaffel eller spatel for at give en barklike-effekt. Stil på køl for at sætte frostingen.

MARENGSVAMPE

d) Forvarm ovnen til 200 grader.

e) Smør en lille bageplade let, rul mel over overfladen, og bank overskydende af. Tving den reserverede marengsblanding gennem et wienerbrødsrør med en 3/16-tommers røråbning eller slip enden af en teske på bagepladen, og lav $\frac{1}{2}$-tommers kupler til svampehætter og spidse kogler til stilke. Du skal have 10 eller 12 af hver. Bages i 40 til 60 minutter, indtil du hører marengsene knitre blødt. De er færdige, når de er tørre, og når de let kommer af bagepladen. For at samle skal du gennembore et hul i bunden af hver hætte, fylde med smørcreme og indsætte stilken.

SPUNDET-SUKERMOS

f) Arranger et olieret kosteskaft mellem to stole, og spred masser af aviser på gulvet. Kog $\frac{1}{2}$ kop sukker og 3 spsk vand, følg anvisningerne for italiensk marengs, indtil sukkeret får en lys karamelfarve. Lad siruppen afkøle et par sekunder, indtil den er lidt fortykket, dyp derefter en gaffel i siruppen og skub gaffelen over kosteskaftet; sirup vil danne tråde over håndtaget.

AFSLUTTENDE DEKORATIONER

g) Tryk klynger af svampe ind i bjælken, hvor end du synes, svampe skal vokse, og drys med en let pudsning af kakao, der er rystet gennem en sigte. Drys lidt pulveriseret sukker over bjælken for at give en sneagtig effekt.

h) Pynt med kristtorn eller blade, hvis du ønsker det, og draperer spundet sukkermos på strategiske steder. (Sidste dekorationer laves lige før servering, da træstammen skal stå på køl til sidste øjeblik.)

KONKLUSION

Afslutningsvis tilbyder fransk bagning en dejlig fusion af kunstnerisk og smag, der fanger sanserne og glæder ganen. Fra den ydmyge baguette til den kunstfærdige mille-feuille fortæller hvert wienerbrød en historie om århundreder gamle traditioner og en passion for håndværk. Ved at mestre teknikkerne og omfavne ånden fra fransk bagning, kan du bringe et strejf af elegance og nydelse til dit køkken og skabe uforglemmelige øjeblikke for dig selv og dine kære. Så saml dine ingredienser, forvarm din ovn, og begiv dig ud på et kulinarisk eventyr, der fejrer den tidløse tiltrækning ved fransk konditori. God appetit!

www.ingramcontent.com/pod-product-compliance
Lightning Source LLC
Chambersburg PA
CBHW071304110526
44591CB00010B/776